Serpent Rouge

4

Les Editions de l'Œil du Sphinx
36.42 rue de la Villette
75019 Paris, France
ods@oeildusphinx.com
www.oeildusphinx.com

Le Code de la propriété intellectuelle n'autorisant, aux termes de l'article L. 122-5, 2° et 3°a), d'une part, que les « copies de reproductions strictement réservées à l'usage privé du copiste et non destinées à une utilisation collective » et, d'autre part, que les analyses et les courtes citations, dans un but d'exemple ou d'illustration, « toute représentation ou reproduction intégrale ou partielle faite sans le consentement de l'auteur ou de ses ayants droit ou ayants cause, est illicite » (art. L. 122-4). Toute représentation ou reproduction, par quelque procédé que ce soit, contribuerait donc à une contrefaçon sanctionnée par les articles L. 355-2 et suivants du Code de la propriété intellectuelle.

© 2005 LES ÉDITIONS DE L'OEIL DU SPHINX
ISBN: 2-914405-26-X
EAN : 9782914405263
Dépôt Légal : décembre 2005
ISSN coll. Serpent Rouge 1768-5648

L'illustration de couverture a été réalisée par www.plaisibook.com ©

Dominique DUBOIS

Rennes-le-Château, l'Occultisme et les Sociétés Secrètes

*Au fin connaisseur de l'Ordre Hermétique
de l'Aube Dorée : Frédéric Mac Party*

*Aux âmes conscientes et mystiques,
Jean-Paul Guignette, Régis Servant,
Véronique Dubois et Bernadette Mameli*

PRÉFACE

Les travaux que nous menons, dans le cadre de l'ARTBS (Association pour les Recherches Thématiques sur Bérenger Saunière), ont pour but principal d'étudier le contexte de l'affaire de Rennes-le-Château, afin de mieux la comprendre en la dépoussiérant des nombreuses scories fantaisistes qui sont venues la déformer au fil des ans. Et parmi les sujets que nous comptions explorer figure celui des courants ésotériques de la fin du XIXe siècle et des sociétés discrètes influentes dans la région. Car on a voulu faire de Bérenger Saunière un adepte de la Franc-Maçonnerie et de la Rose-Croix, ainsi qu'en témoignent les nombreux écrits traitant de la décoration de l'église du village. On lui a prêté, par le biais d'une relation aussi hypothétique que sulfureuse avec Emma Calvé, des liens avec les cercles ésotériques de la capitale. On est même allé jusqu'à lui trouver une résidence secrète à Lyon où il aurait fréquenté certains milieux martinistes. Je passe sur les travaux d'autres « chercheurs » qui voient dans le pasteur castelrennais l'agent d'une dangereuse secte manichéenne[1] !

J'ai rencontré Dominique Dubois, après la lecture de son ouvrage sur *Jules Bois* (éditions Arqa, 2004). Un ouvrage excellent dont le quatrième de couverture donne clairement la tonalité : « Pour comprendre en profondeur

---

[1] Voir notamment les articles d'un certain Isaac Ben Jacob dans la revue de la Société Périllos, *Les Carnets Secrets*. On nous y explique notamment avec sérieux que Bérenger Saunière avait envisagé de faire de la villa Béthanie une maison de retraite pour prêtres âgées, afin d'avoir sous la main la matière première nécessaire pour accomplir les sombres rituels mortuaires qu'il affectionnait…

le mystère de Rennes-le-Château, il est essentiel de s'immerger complètement dans une époque où les aspects politiques et initiatiques s'entremêlent indiscutablement. Il est bien certain que l'étude de la personnalité de Jules Bois est une clé permettant de saisir tout le sens d'une histoire qui ne peut sans cela, inévitablement, que nous échapper ». L'auteur part d'une hypothèse (discutable, mais il s'en expliquera dans les pages qui suivent), celle du voyage à Paris de Bérenger Saunière. Une hypothèse qui devient alors un prétexte, en suivant le fil rouge de Jules Bois, pour nous présenter une faune extraordinaire et fondamentalement attachante : Papus, de Guaita, Jules Doisnel, Huysmans etc. On croirait relire la collection complète de la revue de notre ami Yves-Fred Boisset, *l'Initiation*. Quant au personnage principal, il nous est proposé comme un « reporteur de l'occulte », toujours à l'affût des réunions ésotériques dont la capitale était riche fin du XIXe, début du XXe. Des reportages qui lui permettront de nourrir de nombreux articles et livres, comme son fameux *Le Satanisme et la Magie* de 1895.

J'ai alors proposé à Dominique Dubois de poursuivre son travail, en le centrant plus précisément sur la région occitane et sur les courants supposés avoir eu une influence sur Bérenger Saunière. Il en résulte une nouvelle galerie, à la fois de portraits et de groupements, d'une érudition qui force le respect. Un travail qui nous conduit à découvrir des personnages ou obédiences rarement évoqués - je pense ici à Déodat Roché, au Docteur Fugairon, à Antonin Gadal et à Georges Monti, ou encore à l'Ordre d'un Saint Graal, aux Polaires ou au Hiéron de Paray-le-Monial -. Un travail qui par ailleurs sait rester très vivant, l'auteur passant volontiers de la passion face à la noblesse de certains des idéaux proposés à la critique féroce à l'encontre des mystagogues les plus douteux.

Je suis pour ma part persuadé que cet ouvrage fera œuvre utile, et qu'il ne sera désormais plus possible de traiter de « Saunière, l'Occultisme et les Sociétés Secrètes » sans intégrer les nombreuses informations apportées par Dominique Dubois.

Philippe Marlin,
Rennes-le-Château, Octobre 2005

Chapitre I

Néo-Catharisme et Néo-Gnosticisme
Déodat Roché, Jules Doinel, Fugairon.

Le catharisme, un mouvement chrétien parmi tant d'autres, un courant gnostique aux ardentes aspirations spirituelles qui affecta toute l'Europe, des Balkans aux côtes de la Manche et même une partie de l'Asie Mineure, s'implanta aussi dans les Pyrénées, notamment en Occitanie, pour y être déraciné monstrueusement par le fer des armées catholiques et les procédures abjectes de Rome. Au XVe siècle le catharisme avait, selon l'histoire officielle, disparu, sans pourtant exclure qu'une survivance catharisante ait pu clandestinement s'intégrer ou se mélanger dans d'autres courants spirituels. A la fin du XIXe siècle et dans le courant du XXe siècle, quelques cherchants avides de cette spiritualité d'antan ou de ce particularisme ontologique du catharisme moyenâgeux tentèrent d'en revivifier au Languedoc sa gnose, sous une forme, inévitablement, novatrice et moderne, et au grand dam, peut-être, d'une historiographie scientifique du catharisme. D'ailleurs Anne Brenon, archiviste paléographe et directrice du Centre national d'études cathares René Nelli et historiographe naturellement attitrée du catharisme, dénonçait vertement dans son utile et érudit ouvrage *Le vrai visage du catharisme* (1991) les dérives grand-guignolesques de certains auteurs qui se glosaient « d'un catharisme mythologique et, hélas, commercialisable, à petits renforts de trésors cachés, de Graals pyrénéens, d'inédits de Platon, de rêves bouddhistes et hyperboréens ou d'ésotérisme platement occultiste ² ».

Tout en nous demandant si Anne Brenon est tout de même clairement habilitée à causer d'occultisme ou d'ésotérisme et surtout à épingler en bloc les gens et les idées de l'ésotérisme, on peut notamment se référer à sa remarque tendancieuse et en vrac contenue dans son petit livre pourtant instructif : « Le pentagramme, une figure géométrique dont l'ésotérisme du XXe siècle a cherché, sans aucune justification, à attribuer le symbolisme aux cathares » ³, reconnaissons néanmoins qu'il y a dans ses propos pamphlétaires une bonne part de vérité ; principalement dans un contexte de sauvetage officiel et scientifique de l'histoire du catharisme et des cathares ou, selon le qualificatif médiéval donné aux religieux et religieuses cathares, des « Bons Hommes » et des « Bonnes Femmes ». D'autant plus qu'il est désormais avéré que des liens réels avec les Bogomiles ⁴, un mouvement hérétique issu de la Bulgarie, éclairent factuellement l'origine et les cheminements de la religion des cathares ⁵. D'ailleurs il est aussi attesté, après maintes vérifications, que les rituels entre bogomiles et cathares occidentaux sont analogues. Anne Brenon, bien évidemment, ne pouvait à juste raison faire autrement que

---

² Anne Brenon in *Le vrai visage du catharisme*, p. 9, Editions Loubatières, novembre 1991.
³ Le symbolisme du pentagramme, une figure géométrique notoire des Franc-Maçons et des mouvements hermétiques et magiques, ne peut bien évidemment être attribué aux cathares. C'est donc une ineptie de vouloir généraliser ainsi. Pour la citation d'Anne Brenon voir son pratique petit ouvrage *Le Dico des Cathares*, Editions Milan, mai 2000.
³ *Le vrai visage du catharisme*
⁴ Nom slave signifiant « aimé de Dieu », équivalent du grec « théophile ».
⁵ C'est-à-dire les bogomiles de la chrétienté grecque.

de dénoncer et vilipender « les fantaisies catharophiles ou ce marché des artefacts, impersonnels et dérisoires [6] ».

D'autres chercheurs avaient aussi grandement contribué, surtout en France, à dégager l'histoire du catharisme, selon le ton radical d'Anne Brenon, « de la gangue irisé du mythe [7] ». Parmi les historiens reconnus dans l'étude de l'hérésie, évoquons brièvement quelques noms mentionnés dans les célèbres *Cahiers de Fanjeaux*, d'orientation catholique dominicaine, principalement dans le Cahier numéro 14 dévolu à l'historiographie du catharisme, une collection consacrée à l'histoire religieuse du Languedoc et placée sous le patronage de l'Institut d'Etudes Méridionales de la Faculté des Lettres et Sciences Humaines de l'Université et de l'Institut Catholique de Toulouse [8].

Citons donc l'érudit théologien protestant Charles Schmidt (1812-1895), auteur en 1849 d'un ouvrage majeur en deux volumes de l'*Histoire et doctrine* de la secte des cathares ou albigeois ; le légitimiste Léon Gauthier (1831-19 ?), maître à penser d'une austère *Revue des Questions historiques* [9] ; le médiéviste Henri de Buchère, comte de l'Epinois (1831-1890), collaborateur assidu de la dite revue qui se chargea durant trente années des compte rendus bibliographiques concernant les ouvrages du Moyen Age ; le biterrois ecclésiastique Mgr Célestin Douais (1848-19 ?), un de ces personnages qui possédait un immense amour pour le Languedoc éternel, sa terre et

---

[6] *Le vrai visage du catharisme.*
[7] *Idem,*, p. 315-316.
[8] Dans cette mouvance, relevons que l'audois de Sallèle-Cabardès, Mgr Elie Griffe (1899-1978), fut le premier président des colloques de Fanjeaux. *Cahiers de Fanjeaux*, Collection d'histoire religieuse du Languedoc, Cahier numéro 14, *Historiographie du catharisme*, Privat, Editeur, Fanjeaux, Toulouse, 1979.
[9] Une revue catholique et royaliste.

ses hommes ; Jean-Marie Vidal (1872-1940) du diocèse de Pamiers, auteur également de plusieurs contes et poèmes en langue occitane ; le Pr. Henri-Charles Puech (1902-1986), celui qui contribua à mesurer avec exactitude la différence profonde du catharisme et des manichéismes d'Iran, d'Asie centrale ou d'Afrique ; Adolphe Vaillant, traducteur et commentateur d'un *Traité du Cosmas le Prêtre contre les Bogomiles* ; le R. P. Antoine Dondaine, historien sagace à qui l'on doit la découverte d'un manuscrit inestimable *Liber de duobus principiis* ; Christine Thouzellier ; Pr. J. Gouillard ; l'audois Jean Guiraud *alias* Benjamin Fabre (1866-1955), figure incontestable sur l'histoire du catharisme ; sans omettre l'utile et bienveillante participation de quelques historiens balkaniques ...

Anne Brenon avait pour sa part rendu hommage à quatre écrivains : Jean Duvernoy, auteur notamment de *Guillaume de Puylaurens, chronique 1203-1275* [10] ou *Le Catharisme* [11], ainsi que de quelques articles dans les *Cahiers de Fanjeaux* et dans la *Revue d'Hérésiologie Médiévale* intitulée *Heresis* ; à Michel Roquebert, auteur surtout d'un imposant ouvrage en plusieurs tomes *L'épopée cathare* ; au poète et romaniste René Nelli (1906-1982), un traducteur chevronné des textes cathares et un commentateur averti qui s'est aussi penché solidement sur la civilisation médiévale méridionale ; enfin à Fernand Niel (1903-1985), un écrivain érudit tout spécialement apprécié par les ésotéristes qui n'ont pas oublié son grand classique *Les Cathares de Montségur* (1973) et surtout sa fameuse découverte sur l'orientation

---

[10] Jean Duvernoy, *Guillaume de Puylaurens, chronique 1203-1275*, traduite et commentée. Toulouse, Ousset, 1958.
[11] Jean Duvernoy, *Le Catharisme*, Toulouse Privat. Tome 1, *La Religion*, 1976. Tome 2, *L'Histoire*, 1979.

solaire du château de Montségur [12]. Une « malchance » pour Fernand Niel, écrivait amèrement Anne Brenon :

« Pour les théories du temple solaire que tant de ses commentateurs et glosateurs ultérieurs ont répandues à propos de Montségur, ont oblitéré le sérieux des travaux, la sincérité et l'honnêteté de celui que l'on appelait en 1965 l'homme qui connaît mieux Montségur [13] ».

Il n'est donc nullement ici question de discourir sur ce château ariégeois bien campé sur son éperon rocheux, le « pog », qui domine le pays d'Olmes, mais de signaler la remarque désabusée de quelques inconditionnels du Graal cathare :

« Montségur où les rayons du soleil levant, avec une précision millimétrique, viennent embraser le donjon du château, en passant à travers des archères étroites de 10 cm et distantes de plus de 5 mètres, l'architecture symbolique, l'orientation solsticiale, la relation aux étoiles, la vérité du nombre, tout à Montségur procède de la communication au Divin. Mais tout cela n'existe pas, il ne peut y avoir de vision ésotérique à Montségur. L'église cathare ne possède, en son sein, aucune source cachée, ni le Graal, ni la réalité de Jésus, ni... Rien n'existe pour les nouveaux inquisiteurs de l'Histoire, membres du CNRS, universitaires, historiens, pontifes de la morale, manitous de la science et du savoir, dévots bien pensants des causes entendues, rédacteurs de prospectus touristiques... Tout cela n'existe pas, puisqu'ils l'ont décrété [14] ».

---

[12] Signalons la sortie en 1924 de *Montségur* du duc Antoine de Lévis-Mirepoix (1884-1981), un écrivain mondain qui associait à cette époque le château de Montségur à un « temple du soleil ».
[13] *Op., cit.*
[14] *Montségur, Al cap de sèt cents ans verdeja lo laurel* in la revue *Arcadia*, p. 55, juillet 2002.

Encore conviendrait-il d'ajouter qu'il est de nos jours indiscutablement avéré que l'actuel château de Montségur a été en fait implanté à l'emplacement arasé de l'ancien village fortifié qui constituait, jusqu'au siège de 1244, le lieu de résistance essentiel des cathares et des faydits. En d'autres termes, l'actuelle forteresse de Montségur a été bâtie à la fin du XIIIe siècle ou au début du XIVe par la famille des Lévis, ses seigneurs par droit de conquête [15]. Ce que corrobore le médiéviste de renom, le Pr. Marcel Durliat, auteur d'une somme d'écrits consacrée à l'art roman et qui déplore l'inexistence de mouvements artistiques cathares, à l'exception notable de l'art des troubadours :

« Les Cathares n'ont laissé ni architecture, ni sculpture, ni peinture, car ils étaient contre toute représentation. On leur a prêté beaucoup – les châteaux, par exemple – mais la supercherie a été très rapidement démasquée : ces constructions dépendaient de Carcassonne, les maçons qui en venaient sont venus construire ces châteaux pour protéger la frontière du côté français [16] ».

Dans un article intitulé *Vulgarisation et récupération : Le catharisme à travers les mass Média* publié dans la collection d'histoire religieuse du Languedoc, les *Cahiers de Fanjeaux*, Charles-Olivier Carbonnell se plaignait dans les années 1979-1980 des nombreux ouvrages a-historiques, c'est-à-dire mythographiques :

« Dès lors le catharisme comme objet s'éparpille, se dissout. L'encyclopédisme du kaléidoscope ésotérique en fait un néo-orphisme, un néo-pythagorisme, un néo-gnosticisme, etc. Dans le jeu si facile des analogies et des

---

[15] *Le Dico des Cathares*, p. 138.
[16] *Magazine Pyrénées cathares*, « Marcel Durliat pour les siècles des siècles », p. 101, été 2004.

réincarnations, tous les coups sont permis... On arrive ainsi à une véritable négation du métier d'historien. Affabuler sur des fables, établir des corrélations entre phénomènes les plus discontinus, citer en bibliographie, aux côtés de Charles Schmidt et Henri Marrou, l'alchimiste Fulcanelli, le néo-gnostique René Guénon et le croisé wagnérien-nazi Otto Rahn, recourir à la symbolique comme à une science auxiliaire et à l'imagination comme à une vertu historienne, voilà quelques-unes de leurs méthodes [17] ».

Admettons sans ambages que l'ésotérisme (un marché juteux pour certains) catalyse bien des fantasmes, mais reconnaissons aussi que l'auteur précité ne semble peut-être pas habilité à s'étayer sur Fulcanelli ou René Guénon (1886-1951), pas plus que son parti pris ne lui donne la possibilité de plancher sur la symbologie et d'en comprendre sa portée. L'ésotérisme ou l'occultisme, deux termes encore fantaisistes et épidermiques pour les penseurs cartésiens :

« C'est le verdict et c'est l'aveu des instituteurs mêmes ! L'occultisme, jadis banni, naguère ignoré, court aujourd'hui le risque d'être acculturé. Symptôme fatal : le mépris du terme, son synonyme ésotérisme... [18] »

Malgré les attrayantes définitions, entre autres, du reporter de l'occultisme Jules Bois (1868-1943) [19] et plus récemment les précisions acérées de Robert Amadou proposées dans son érudit ouvrage *L'Occultisme Esquisse*

---

[17] *Op. cit.*, p. 377, *Cahiers de Fanjeaux* n° 14, Privat, Editeur, Toulouse, 1979.
[18] Robert Amadou in *L'occultisme Esquisse d'un monde vivant*, p. XVII, Editions Chanteloup, Saint-Jean-de-la-Ruelle, 1987.
[19] Dominique Dubois, *Jules Bois (1868-1943) Le reporter de l'occultisme, le poète et le féministe de la belle époque*, Arqa éditions, mai 2004.

d'un monde vivant [20], qui voulait avec cette bienveillante et louable audace, autant que faire se peut, rendre à partir des années 1950 (avec René Alleau) l'Occulte à la culture [21], il n'en demeure pas moins que les deux qualificatifs « occultisme » et « ésotérisme » sont non seulement, comme nous l'avons antérieurement constaté, rejetés par la science officielle mais utilisés ou cités à l'emporte-pièce par un public non averti. Peu importe, même si surtout le terme « ésotérisme » est devenu populaire et que le grand public en altère ou en bafoue encore aujourd'hui son sens véritable, par ignorance et par un attrait démesuré et naïf du merveilleux, l'essentiel est de retenir qu'il exista dans le courant du XIXe et XXe siècles une minorité d'hommes et de femmes qui fut réellement engagée dans une quête spirituelle. On peut parler là d'ésotérisme véritable, substantif inventé par le célèbre philosophe hermétiste et kabbaliste Eliphas Lévi (1810-1875) et qui désignait par son étymologie une intériorisation ou un chemin vers l'intérieur :

« Et qui sous-entend simplement ce qui ne peut être appréhendé par la raison ou encore ce qui n'a pas été codifié par la science qui impose sa règle et son règne, et ne tient compte que des rapports entre l'homme et la nature et exclut les rapports de l'homme avec Dieu [22] ».

Le sens de ce mot s'est, comme nous l'avons vu, beaucoup dégradé, d'autant plus qu'il est assimilé tout azimut à l'astrologie, aux histoires fantastiques, au surnaturel, à la

---

[20] Aux Editions Chanteloup, Saint-Jean de la Ruelle, 1987.
[21] Au grand dam de Robert Amadou et de tant d'autres, puisque cette forme d'institution qui s'entiche de dîplomes (on reconnaîtra sans peine les quelques célèbres têtes bien pensantes de ce nombrilisme univers) se stérilise depuis au moins deux décennies dans le rationalisme.
[22] Alexandra Charbonnier in *L'Etoile au front*, p. 174, Dervy, Paris, 1993.

magie…, et plus rarement à une gnose, une connaissance intérieure. Le mieux serait donc d'utiliser un terme plus approprié, celui par exemple de gnosticisme, d'hermétisme (qu'on ne doit pas confondre avec le gnosticisme), de mysticisme ou même d'ésotérisme religieux.

Dans le cadre qui nous intéresse ici, celui qui est au-delà d'un musée du catharisme ou d'une histoire séculairement révolue, nous aimerions évoquer l'homme ou, pour reprendre le joli titre de l'article de Jean-Marie Constans, *Déodat Roché, Quêteur d'Absolu* [23], celui qui joua un rôle prédominant dans la résurrection du souvenir cathare, un personnage que l'on disait à juste raison modeste, désintéressé et humble. Celui encore qui s'est vu affublé à tort et par dérision, par certains journalistes à sensation, du titre de « pape cathare » [24].

Déodat Roché

Outre les quelques articles consacrés à Déodat Roché dans les diverses revues et les quelques lignes ou pages contenues dans certains ouvrages du vingtième siècle, la vie de cette personnalité hors normes demeure de nos jours bien connue, grâce à deux livres récents : le premier datant de 1997, de Jean-Philippe Audouy intitulé *Le tisserand des catharismes* ; le second datant de 2001 de José Dupré, un disciple de Déodat Roché et auteur de *Un cathare au XXe siècle, Déodat Roché (1877-1978), Sa vie, son œuvre, sa pensée*. Ces deux auteurs ont fait œuvre utile, tout en déplorant humblement et à bon droit que José Dupré n'ait pas jugé utile de citer une seule fois l'ouvrage de son prédécesseur, préférant sans doute insérer (ce qui n'est pas courant !) dans son ouvrage uniquement les

---

[23] *Magazine Pyrénées cathares*, « Déodat Roché, Quêteur d'Absolu » de Jean-Marie Constans, pp. 87-90, été 2004.
[24] Contre la volonté de Déodat Roché.

opinions élogieuses de certains de ses lecteurs ; on regrettera également que, pour le besoin de son travail hagiographique (hélas !), il ait livré de façon sardonique, à l'image d'un René Guénon, ses quelques méchantes prises de position à l'encontre de certains anthroposophes et surtout d'Helena Petrovna Blavatsky (1831-1891), fondatrice en 1875 à New York, avec le colonel Henry Steel Olcott (1832-1907), de la Société Théosophique [25]. Mentionnons par ailleurs les surprenants comparatifs brossés par l'auteur, notamment sur Henri Bergson (1859-1941) que José Dupré considère comme (je cite) très supérieur à Rudolph Steiner ou Pierre Teilhard de Chardin (1881-1955) [26]. Nous pensons qu'il serait inutile de nous aventurer dans de telles comparaisons ou de pousser l'absurdité à mettre en balance le dit auteur et Steiner ou encore Blavatsky.

En parfait *compendium*, relevons que Déodat Roché, fils de Omer-Paul Roché (1848-1906), notaire de son état, et

---

[25] Il est vrai que depuis des décennies la référence se porte sur René Guénon. Nous ne rentrerons pas dans de telles considérations, mais pour ceux qui désirent en toute impartialité étudier l'historique de la S.T., voici quelques ouvrages indispensables à lire : Les *Collected Writings* en 16 volumes, *The Theosophist* en 2 volumes, *Theosophical articles* d'H.P.B. en 3 volumes, *H.P.B. Speaks* en 2 volumes, *Contribution à l'Histoire de la Société Théosophique en France* de Charles Blech, *Dâmodar and the pioneers of the theosophical movement*, et surtout *In Search of Masters* de Paul Johnson, sans omettre *La Fraternité Hermétique de Louxor (H.B. of L.)* de Christian Chanel, John P. Deveney et Joscelyn Godwin, etc...
Notons pour information que Barlet, occultiste renommé du temps de Papus et très déçu du groupe théosophique, livra à René Guénon des renseignements sur la Société Théosophique. Quant à la partialité de René Guénon (pourtant remarquable dans certains de ses écrits), il affirma le plus sérieusement du monde que l'Orient ou l'Inde n'avait jamais enseigné la réincarnation.
[26] *Op. cit.,* p. 341. L'auteur en question a ensuite fait une biographie sur Steiner, avec parti pris et une certaine ignorance sur la Théosophie et surtout sur sa fondatrice.

de Marie Delfour (1859-1946), vit le jour le 14 décembre 1877 à neuf heures du matin, au cœur des Corbières, dans la vallée de la Sals où se situe Arques, un village célèbre pour son château, une ancienne propriété de Pierre de Voisins, le fidèle compagnon du cruel et tristement célèbre Simon de Montfort.

Humanisme et Franc-maçonnerie

Au sein d'une famille solidement traditionaliste, l'enfance et l'adolescence de Déodat Roché furent heureuses, harmonieuses et équilibrées. Il y reçut ainsi une probe éducation, celle de son père, un libre penseur, qui s'évertua de lui transmettre son rigorisme humanitaire et philosophique. Déodat en fut durablement imprégné, au point qu'il décida de suivre, sous la houlette de son paternel, une carrière de magistrat. Comme il se doit, il suivra dans la bonne vieille ville rose de Toulouse des études de Lettres et de Droit. En 1901, l'année même de son mariage avec Marie-Louise Lagriffoul (1878-1938), Déodat est officiellement dans la magistrature, audoise naturellement, d'abord en tant qu'avocat et ensuite au siège du tribunal civil de Limoux, de Carcassonne, puis de Castelnaudary en tant que président.

En 1907, il se singularise par son refus irrévocable de condamner la révolte des viticulteurs, celle qui fut par ailleurs annoncée dans le journal *Le Tocsin* du 21 avril 1907 de Monsieur Marcellin Albert (1851-1921), un personnage reconnu dans l'histoire audoise d'aujourd'hui comme la grande figure locale de ces évènements passés. Ce qui a valu à Déodat Roché quelques anicroches avec le futur Sous-secrétaire d'Etat aux Beaux-Arts, l'audois Dujardin-Beaumetz (1852-1913), pourtant radical-socialiste et Franc-Maçon, semble-t-il, d'une obédience du Grand Orient, *la Clémente Amitié* de l'Aude. L'engagement républicain de Déodat Roché, sous forme d'un radicalisme militant largement dominant dans le Midi de la France, demeure donc bien connu chez les audois. A l'image de Omer-Paul Roché, maire d'Arques de 1929 à 1935, Déodat Roché fut élu à trois reprises et siégea encore à l'âge de soixante-dix ans au conseil général de l'Aude de 1945 à 1949, date à laquelle il délaissa définitivement la politique pour se consacrer à la propagation du catharisme.

En revanche il resta toute sa vie durant Franc-Maçon et fidèle à sa loge mère *Les Vrais Amis Réunis*, Orient de Carcassonne, où il était reçu Apprenti en 1904 et vénérable de 1918 à 1921 [27]. Toutefois son appartenance à la Franc-Maçonnerie ne fut pas ignorée par le régime de Vichy qui lui infligea en 1943 une révocation, celle de la présidence du tribunal civil de Béziers. Notons par ailleurs que Déodat s'abstint maintes fois de siéger en cours d'assises, principalement pour manifester son opposition au principe de la peine de mort, et qu'il fit d'autre part souvent acte de présence à la « Société fraternelle de bienfaisance et d'éducation populaire » de Carcassonne [28].

Jules Doinel

La venue à Carcassonne du nouveau directeur des Archives départementales de l'Aude, Jules Doinel en personne, ne pouvait à l'évidence échapper à Déodat Roché qui, toute sa vie durant, fut habité d'un amour inconditionnel pour sa belle Occitanie montagneuse, sauvage et rude, avec son histoire du catharisme et son

---

[27] Voir pour Déodat Roché et Dujardin-Beaumetz le *Dictionnaire de la Franc-Maçonnerie*, p. 377 et 1034, Presses Universitaires de France, août 1987 ; ainsi que l'ouvrage de Paul Tirand *Loges et Francs-Maçons Audois 1757-1946*, 2002 – Paul Tirand.
[28] Déodat Roché in *Survivance et Immortalité de L'homme*, p. 219, Editions des Cahiers d'Etudes Cathares, Carcassonne, 1955.

épilogue si tragique, un drame qui s'était opéré, comme nous le savons, sept siècles auparavant.

Il est vrai que les historiens de l'ésotérisme ou de l'occultisme nous apprendrons que dans une séance spirite, tenue en automne 1888 chez Lady Caïthness, duchesse de Pomar (1830-1895), l'esprit de Guilhabert de Castres, ancien évêque de Montségur [29], se manifesta à l'assemblée et leur enjoignit de procéder à la résurgence de l'Eglise gnostique :

« Nous sommes venus à vous, nos bien-aimés. Toi Valentin, tu fonderas l'Assemblée de Paraclet, et tu l'appelleras l'Eglise Gnostique [30] ».

Valentin, qui n'était autre que Jules Doinel (1842-1902), avait donc été choisi, selon lui, par les évêques désincarnés pour réveiller cette église. Toujours est-il qu'il écrivit dans la célèbre revue *L'Initiation* de Papus *alias* Dr Gérard Encausse (1865-1916) et apposait désormais sa signature sous le nom de T. Jules, évêque de Montségur. Ainsi donc, l'Eglise Gnostique, première du nom, fut officialisée en 1890 par Papus, Fabre des Essarts (1848-1917) *alias* Synésius et Chamuel *alias* Lucien Mauchel (1867-1936). Ces derniers qui composaient au demeurant le Saint-Synode et qui furent les premiers bénéficiaires de cet épiscopat spirite nommèrent et promurent, comme il se devait, Jules Doinel Patriarche de l'Eglise Gnostique, sous le nom de Valentin II.

---

[29] Le plus célèbre des parfaits d'Occitanie. Vers 1222 Guilhabert décida de se retirer à Montségur. A partir de cette date, Montségur devint le centre religieux et politique de la secte. Guilhabert y mourut peu de temps avant le siège de 1244.
[30] Jean-Pierre Bonnerot in *Un aventurier de la gnose occultiste* ; pour la citation voir *Le Monde Inconnu*, p. 68, n°1 décembre 1979.

En dehors de cette singulière manifestation de l'esprit de Guilhabert, ce qui pourrait encore aujourd'hui en faire sourire plus d'un - d'ailleurs certains avancent que Doinel fut manipulé par la duchesse de Pomar -, retenons l'authentique démarche spirituelle de Jules Doinel, celle que naguère résuma succinctement le reporter de l'occultisme Jules Bois (1868-1943) dans son livre à succès *Les Petites Religions de Paris* (1894) :

« M. Jules Doinel, archiviste à Orléans, est le plus savant et le plus modeste des hommes. Nul n'approfondit davantage l'antiquité hellénique et albigeoise par l'intelligence et, ce qui est mieux, **par le cœur**. Seulement j'ai voulu fixer en un trait net l'impression haute et candide, tenant un peu de la légende, que laisse le patriarche gnostique, président du saint-synode des parfaits et des purs [31] ».

Relevons tout de même la crise mystique que traversa l'ancien archiviste d'Orléans, puisque Doinel abjura en décembre 1895 l'Eglise gnostique pour réintégrer l'Eglise romaine, période à laquelle il publia sous le nom de Jean Kotska de violents pamphlets à l'encontre de la Franc-Maçonnerie. Toutefois, un petit doute se pose sur cette réelle abjuration, puisque Jean-Pierre Laurant fit part d'une note manuscrite d'une page glissée dans l'exemplaire pamphlétaire de Doinel, *Lucifer démasqué*, de la bibliothèque de la Congrégation du Saint-Esprit, dans laquelle fut signalé ce qui suit :

« que l'abjuration faite entre les mains de Mgr Stanislas Touchet (1848-1926) à Orléans n'était qu'une feinte, une

---

[31] Cit., Jules Bois Bois in *Les Petites Religions de Paris*, pp. 175-76, Léon Chailley, Editeur, Paris, 1894.

manœuvre habile pour lui permettre de faire des dupes dans le monde ecclésiastique [32] ».

Toujours est-il que Doinel demanda, en janvier 1896 semble-t-il, sa réincardination dans l'Eglise gnostique dont le patriarche était alors, depuis le 3 janvier 1896, l'évêque de Bordeaux, Léonce Fabre des Essarts. Néanmoins il est reconnu, en dépit de cette abjuration préméditée, que Jules Doinel, « T. Jules, évêque d'Alet et de Mirepoix » [33], depuis sa réincardination, eut le projet, sincère dira-t-il, de réconcilier la Gnose avec l'Eglise. Il en fut sans doute très désabusé. Terrible dilemme non résolu par les exégèses de l'ésotérisme qui se demandent encore de nos jours si Jules Stanislas Doinel - qui cela dit en passant mériterait une grande biographie - est mort catholique romain ou gnostique. Peut-être les deux finalement.

Déodat Roché « Tau Théoditos » et le Dr Fugairon « Tau Sophronius »

En contact suivi avec Jules Doinel et abonné depuis 1896 à la revue *L'Initiation*, Déodat Roché écrivit de Toulouse plusieurs lettres au fondateur de la dite revue, le docteur Papus [34]. L'année d'après, date à laquelle Déodat amorce sa première conférence à l'école publique d'Arques sur le catharisme, « La Croisade contre les albigeois et la destruction de la ville de Fontoise » [35], il est en relation épistolaire avec Sédir et s'enquiert auprès de lui, si l'on en

---

[32] Jean-Pierre Laurant in *l'Esotérisme chrétien en France au XIXème siècle*, P. 162, Editions l'Age d'Homme, Lausanne, 1992.
[33] Titre accompagné parfois de « baron de Terride ».
[34] Marie-Sophie André in *Papus biographie*, p. 225, Berg Internationnal, Paris, 1995. Pour les lettres de Déodat Roché voir (selon M.S. André) le Fonds Papus de la Bibliothèque municipale de Lyon Part-Dieu.
[35] Fontoise était le nom de la cité d'Arques au XIIIème siècle. Pour une liste exhaustive des conférences de Déodat Roché, voir José Dupré, *op. cit.*, pp. 205-06.

croit José Dupré [36], des conditions d'entrée dans l'Ordre Martiniste. L'année suivante, après la missive de Déodat adressée à Fabre des Essarts, il est lié avec l'un des coadjuteurs de l'Eglise gnostique, le Dr Fugairon.

Consacrons quelques lignes utiles à Louis-Sophrone Fugairon. Il est né le 21 décembre 1846 à Tenes (Algérie), là où ses parents habitaient, puisque son père Antoine Fugairon occupait un poste de capitaine et commandait l'atelier du boulet n° 7. Vers 1860, après que ses parents eurent quitté définitivement l'Algérie pour se retirer à Savignac dans la Haute-Ariège, pays de sa mère, née Clémence de Savignac-Castelet, Louis-Sophrone Fugairon fait de brillantes études littéraires au collège de Pamiers. A l'âge de vingt ans, il suit les cours de l'Ecole des Mines de Mons en Belgique et se signale à l'attention de ses maîtres et condisciples par l'invention d'une machine destinée à descendre dans les puits de mines. En 1870, il se livre à l'étude des sciences naturelles et obtient avec succès ses grades de licencié et de docteur ès science à la Faculté de Toulouse. Membre de la société géologique et botanique de France, professeur de physique et de chimie, cet infatigable chercheur n'en continue pas moins de poursuivre à Paris des études de médecine, des cours d'histoire naturelle de la Sorbonne, du Collège de France, du Muséum, de l'Ecole d'Anthropologie et de la Faculté de théologie de la Sorbonne. Il s'installe finalement près de Savignac, dans la petite station d'Ax-les-Thermes, comme médecin hydrologue, n'ayant pu auparavant obtenir à Toulouse la direction du Muséum d'Histoire Naturelle.

---

[36] *Op.cit.,* p. 295. Marie-Sophie André annonce en revanche que c'est grâce à Fugairon, vers 1898, que Déodat Roché entra dans l'Ordre Martiniste, *op. cit.,* p. 225.

Auteur de plusieurs mémoires sur l'histoire naturelle ou le Darwinisme, érudit scientifique reconnu [37], Fugairon se penche également, lors de son séjour parisien, sur les phénomènes occultes, principalement le magnétisme et le spiritisme, encore en vogue pendant la période de la Belle-Epoque. Il s'évertue donc, en tant qu'homme de science, d'apporter et de donner quelques éclaircissements sur les phénomènes dûment constatés par les expérimentateurs. Il expose ainsi les résultats de ses premières observations dans *L'Initiation* de Papus et fait paraître en synthèse un livre : *Essai sur les phénomènes électriques des êtres vivants comprenant l'explication des phénomènes dits spirites* (1894). Bien intégré dans la pléiade des occultistes parisiens, Fugairon se laisse séduire par la mouvance gnostique de Doinel et est initié, en janvier 1896, par Fabre des Essarts, le patriarche gnostique T. Synésius, celui-là même qui avait hérité - depuis l'abjuration de Doinel - de la direction de l'Eglise Gnostique. Consacré dès lors Evêque Gnostique de Béziers sous le nom de T. Sophronius, il édite chez Chamuel le *Catéchisme expliqué de l'Eglise Gnostique, approuvé par Sa Grâce Synésius, patriarche gnostique* (1899) et le *Petit catéchisme Gnostique* (1902) [38]. Entre temps Sophronius fonde en juin 1900, à Toulouse, avec l'accord de Fabre des Essarts, une revue mensuelle *Le Réveil des Albigeois* (1900-1901) [39], et invite la nouvelle recrue Déodat Roché, le Diacre « Théodotos », à collaborer. Au début de l'année 1903, Déodat est ordonné sous le nom de Tau Théodotos, Evêque Gnostique de Carcassonne ». Cependant, des

---

[37] Pour de plus amples détails sur les remarquables études et professions du Dr Fugairon, ainsi que la liste de ses ouvrages scientifiques, voir *Les Cahiers d'Etudes Cathares*, numéro spécial, 2ème série n° 4 et 5, pp. 47-49.
[38] Edité sous le nom de Sophronius. *Bibliotheca Esoterica*, Dorbon-Aîné, Paris, 1940, p. 483.
[39] Son siège était fixé au 66 rue Gambetta.

divergences ontologiques entre Fugairon et Déodat éclatèrent. Déodat Roché en fut le principal plaignant et adressa en mai 1903 une longue lettre au Patriarche T. Synésius, pour l'informer notamment du triste état de l'Eglise Gnostique et des processus de régénération qu'il propose [40].

En fait, Déodat Roché reprochait à son aîné de trente et un ans son esprit dogmatique et rationaliste et déplorait surtout que le recueil de dogmes fut constitué sous la direction de Sophronius et soit référencé comme « le corpus doctrinal de l'Eglise gnostique ». Il n'en demeure pas moins vrai que Déodat pensait encore dans les années cinquante que le docteur Fugairon était très savant en sciences naturelles, mais méprisait trop la philosophie spiritualiste [41]. Quoiqu'il en soit de ce jugement, peut-être excessif, relevons de Déodat Roché le caractère confidentiel de l'information qu'il avait jadis donnée à son disciple José Dupré :

« Lorsqu'avec mon père, nous avons vu qu'il fallait porter des robes, des mitres et des croix, nous avons dit : on ne peut plus faire cela à notre époque » [42].

Quant à Fugairon, il poursuivit son activité d'Evêque gnostique en organisant à Toulouse le Concile de l'Eglise Gnostique qui se tiendra le 26 août 1903. Toutefois, en 1907, il se sépara de Fabre des Essarts pour constituer avec Bricaud une nouvelle église : « l'Eglise Catholique Gnostique » ; avec cette caractéristique habituelle de Fugairon, tant décriée par Déodat Roché, celle d'introduire, comme l'écrivait à juste raison Marie-France

---

[40] José Dupré, *op. cit.*, p. 296.
[41] Déodat Roché in *Survivance et Immortalité de l'homme*, p. 219, Editions des Cahiers d'Etudes Cathares, Carcassonne, 1955.
[42] José Dupré, *op. cit.*, p. 258.

James [43], la dogmatique chrétienne et l'ensemble des phénomènes religieux et occultes dans le cadre de la science et la raison. Jean Bricaud (1881-1934) qui en fut le patriarche, sous le *nomen* de Jean II, avait allié par ailleurs le Martinisme et rattaché la Franc-Maçonnerie (Memphis-Misraïm) à son « Eglise », nouvellement appelée depuis 1908 « Eglise Gnostique Universelle » [44]. A la mort de Fugairon, survenue à Ax-les-Thermes, dans la nuit du 30 au 31 août 1922, Jean Bricaud lui consacra quelques pages dans sa revue *Les Annales Initiatiques* :

« Une des plus grandes lumières de l'Occultisme occidental vient de s'éteindre. Mon Vénérable Maître et ami le Dr Fugairon, membre fondateur de la Société Occultiste, membre du Sup. Cons. Martiniste, Evêque Gnostique et haut dignitaire de la Maçonnerie occulte est mort. C'est une perte immense pour la haute Science spiritualiste, à laquelle il s'était consacré depuis longtemps... Il avait entrepris, ces dernières années, une série de conférences sur le néo-spiritualisme et les problèmes de la mort et de la survivance. Trois de ces conférences furent faites à la Société de Culture Morale et de Recherches Psychiques de Carcassonne, en 1920, et les deux premières ont été publiées dans le *Voile d'Isis* ».

« Depuis plusieurs années, il travaillait à un gros ouvrage dans lequel il traitait à fond la question de la survivance. Il venait de terminer cet important travail lorsque la mort l'a frappé. Le manuscrit qui est en ma possession, porte le titre : *La Survivance de l'Homme et des êtres vivants selon l'histoire naturelle.* Pour résoudre la question de la

---

[43] Marie-France James, in *Esotérisme Occultisme Franc-Maçonnerie et Christianisme aux XIXe et XXe siècles*, p. 55, Nouvelles Editions Latines, Paris, 1981.
[44] Afin d'éviter, selon Serge Caillet, une possible confusion sur le qualificatif « catholique ». Serge Caillet in *La Franc-Maçonnerie égyptienne de Memphis-Misraïm*, p. 58, Cariscript, Paris, 1988.

Survivance de l'homme et de la pluralité des vies successives, le Dr Fugairon n'a employé des arguments tirés, ni de la morale ni de la théodicée. La solution de la question étant purement du ressort de la science biologique, il s'est appuyé uniquement sur les sciences naturelles. Un petit opuscule de quelques pages contenant seulement un résumé des conclusions du Dr Fugairon a été publié récemment par la librairie Durville, sous le titre : *Le Problème de la Survivance de l'Homme*. Il est à souhaiter que le traité de la Survivance de l'Homme soit un jour publié intégralement. Il est, selon moi, d'une importance capitale pour les spiritualistes scientifiques et les occultistes, car il est de nature à jeter un jour nouveau sur la question de la Survivance et à rénover la Science spiritualiste [45] ».

---

[45] Extrait tiré des *Annales Initiatiques* de Bricaud. Voir pp. 125-131, troisième année, n°11, Juillet-Août-Septembre 1922.

Chapitre II

Manichéisme, Steiner, Deunov, Déodat Roché.
Prosper Estieu : la langue d'Oc et Montségur
Le mystérieux M. C.
L'Ordre d'un Saint Graal
Montségur et le Graal : le Sâr Péladan
P.-B. Gheusi

Rudolf Steiner. Manichéisme et néo-catharisme

Rudolf Steiner (1861-1925), personnage haut en couleur du début du XXe siècle, que l'on ne présente plus désormais, marqua de son empreinte la vie spirituelle de Déodat Roché. Il est tout aussi notable de mentionner la venue de Déodat Roché à Dornach en Suisse, pour y retrouver dans la menuiserie du Gœtheanum celui qui allait éclairer d'un jour nouveau et durable le courant d'une pensée gnostique et christique. Ce fut sans nul doute, en ce jour particulier du 14 septembre 1922, un tournant décisif pour Déodat Roché qui, à l'instar du prolixe écrivain Edouard Schuré (1841-1926), œuvra avec foi et conviction pour le développement en France de l'école anthroposophique de Steiner. Son premier biographe, Jean-Philippe Audouy, nous en donna d'ailleurs un cliché révélateur :

« Il perçut l'anthroposophie comme la fin ultime de toutes ses pérégrinations occultistes. Il trouva un maître puissant, une école libre sans rites et sans dogmes et une science spirituelle lui permettant de sublimer sa vie christique [46] ».

Toutefois, ne perdons pas de vue que la vocation fondamentale de Déodat Roché fut le catharisme et que sa quête du manichéisme antique à travers le catharisme s'abreuva dans la pensée et les écrits de Steiner. Une révélation décisive pour Déodat qui tint désormais pour acquis certaine thèse relative au manichéisme. Des conférences et des écrits sur Manès et le Manichéisme, sur la résurgence du Manichéisme dans le catharisme, sur la mission cosmique du Manichéisme ou encore le Manichéisme : Christianisme de la Liberté, illustrent ce regain d'intérêt ambigu pour le catharisme, que Déodat interpréta dorénavant par la clef de l'anthroposophie de Steiner. En ce sens, on peut parler d'un renouveau du spiritualisme cathare ou, par néologisme, du néo-manichéisme. En marge d'une investigation scientifique, Déodat Roché s'efforça ainsi de propager à l'usage du monde contemporain ses nouvelles conceptions mystiques du catharisme. On pense surtout à sa célèbre revue trimestrielle, les *Cahiers d'Etudes Cathares* (fondée en janvier 1949), futur organe de sa nouvelle « Société du Souvenir et des Etudes Cathares » qui avait pris officiellement corps le 30 avril 1950 à Montségur. Sans pour autant renier l'antériorité de ses autres écrits, tels notamment son ouvrage à compte d'auteur *Le Catharisme. Son développement dans le Midi de la France et les croisades contre les albigeois* (1937) et ses articles dans la revue de Jean Ballard *Les Cahiers du Sud* [47] ou *La Science*

---

[46] *Le Tisserand des catharismes, op. cit.*
[47] René Nelli et le poète carcassonnais Joë Bousquet (1897-1950) collaboraient régulièrement. Signalons un article de Simone Weil (1909-1943) sous le pseudonyme d'Emille Novis, *L'agonie d'une civilisation*, ainsi que son enthousiasme débordant sur les écrits de Déodat Roché, puisqu'elle lui écrivit en janvier et juin 1941 deux longues lettres. José Dupré, *op. cit.*, pp. 218-222.

Spirituelle - une revue anthroposophique française dirigée à partir des années trente par Mme Simonne Rihouët-Coroze (1892-1982) -, les *Cahiers d'Etudes Cathares* deviendront durant des décennies le modèle représentatif des nouvelles spéculations métaphysiques et symboliques de Déodat Roché.

Peter Deunov

Avant de nous étendre davantage sur certains congressistes catharisants, notons brièvement l'impact spirituel qu'eut le mystique bulgare sur Déodat Roché, puisqu'il était élogieusement référencé dans les *Cahiers d'Etudes Cathares*, tout comme le fut, dans un tout autre registre, le philosophe russe Vladimir Soloviev (1831-1900). Il s'agissait en fait de Peter Deusio (1864-1944), personnage charismatique et adepte d'une doctrine ésotérique toute imprégnée d'une solide connaissance, et qui su en France gagner sa notoriété, avec sans doute les faveurs du milieu anthroposophique et, fait moins connu, du théosophe C. W. Leadbeater (1854-1934), inspirateur d'Annie Besant (1847-1933) et évêque de l'Eglise Catholique Libérale. En dépit des pensées élevées contenues dans son enseignement et sa dite « Fraternité Blanche de Bulgarie », voire inspirantes pour une certaine génération, l'image de Peter Deusio reste de nos jours ternie suite aux exactions malsaines que commis son pitoyable successeur. Toutefois, le regard scrutateur et critique d'Anne Brenon avait retenu, toujours dans le cadre d'une authentique historicité du catharisme, l'image mythique de « maître bogomile » que Peter Deunov s'arrogea. Il est vrai aussi que Déodat Roché voyait parmi les « instructeurs de l'humanité » Steiner dans la lignée de Christian Rozenkreutz et Peter Deunov dans celle de Manès. En définitive, il serait inconvenant de rejeter les incontournables conclusions d'Anne Brenon :

« Il faut pourtant remarquer que, malgré toute cette considération officielle, l'image historique des bogomiles n'est pas épargnée davantage que celle de leurs frères cathares par la mythologie ésotériste moderne : parfait pendant des sociétés néognostiques et anthroposophiques occidentales du début du XXe siècle, la « Confrérie Blanche » de Peter Deunov n'en finit pas d'élucubrer autour des bogomiles ses mystères initiatiques sur fond de réincarnations. Rien de bien original dans tout cela. Des mages mystérieux ou des révolutionnaires précurseurs, les bogomiles ? Ne doutons pas que tôt ou tard la recherche médiévale bulgare suscitera son Jean Duvernoy, qui fera école pour inscrire enfin, sans complexe ni artifice, l'histoire du bogomilisme dans le contexte humain (c'est-à-dire social, économique et politique, bien sûr, mais aussi religieux) des hérésies médiévales européennes - et reprendra toutes les sources d'un regard neuf [48] ».

Les premiers collaborateurs du philosophe d'Arques. Henri Corbin

Peu de temps avant la fondation des *Cahiers d'Études Cathares* et de la « Société du Souvenir des Etudes Cathares », le Congrès d'Etudes Cathares avait fait en 1948 (du 5 au 8 août) sa première apparition à Ussat-les-Bains et Montségur. D'autres manifestations de ce genre suivront, régulièrement et annuellement jusqu'en 1971, date de l'unième et dernière présence publique de Déodat Roché, alors âgé de 94 ans. Les premiers congressistes avaient pour noms, sous naturellement la présidence du philosophe d'Arques, la comtesse Fanita de Pierrefeu (1899-1980), la dernière grande dame de Montségur, restée célèbre pour sa générosité et sa demeure toujours

---

[48] « Cathares de l'Est, les Bogomiles » d'Anne Brenon in *Pyrénées Magazine, spécial cathares*, été 2004, p. 38.

ouverte, « L'Hestia » ; l'anthroposophe Simone Hannedouche (1885-1985) ; René Nelli et Fernand Niel. On y relevait aussi la présence de Marie-Madeleine Davy (1921-1998), une grande dame de la vie intérieure, et de l'érudit orientaliste Henry Corbin, personnage qui mérite ici qu'on dise succinctement ce qu'il fut, d'autant plus les ouvrages de ce dernier furent à plusieurs reprises cités élogieusement par Déodat Roché dans la rubrique des comptes rendus des *Cahiers d'Etudes Cathares*.

Henry Corbin

Né en 1903, cet écrivain philosophe et Franc-Maçon s'est surtout distingué par son vaste savoir sur les religions du Moyen-Orient, une passion pluriculturelle qui l'amena en maintes occasions en Turquie, en Syrie, au Liban, en Egypte et surtout en Iran. Directeur à Paris (1954 à 1974) de l'Ecole Pratique des Hautes-Etudes, principalement dans la cinquième section (Sciences religieuses à la chaire d'islamisme et des religions de l'Arabie) [49], il dirigea en parallèle le département d'iranologie de l'Institut franco-iranien de Téhéran où il anima la « Bibliothèque iranienne » qui, par ailleurs, publia en persan, pehlvi ou arabe, des textes inédits ou insuffisamment édités. Membre de la nouvelle « Académie Impériale Iranienne de Philosophie », il occupa ensuite la charge de directeur de la Bibliothèque iranienne. Auteur d'une quinzaine d'ouvrages, citons notamment *Œuvres philosophiques et mystiques de Sohrawardi* (1945), *Terre céleste et corps de résurrection, de l'Iran Mazdéen à l'Iran Shî'ite* (1961), *En Islam iranien : aspects spirituels et philosophiques* (1971-1973) en quatre volumes, cet érudit était aussi Franc-Maçon de la « Grande Loge Nationale Française » où il fut au sein du rite écossais rectifié (RER), armé « Chevalier Bienfaisant de la Cité Sainte ». Il était par ailleurs membre

---

[49] L'islamologue Louis Massignon (1883-1962) l'avait précédé.

des loges « Europe Unie » et du « Royal Order of Scotland »[50].

Prosper Estieu à Rennes-le-Château

Parmi les proches de Déodat Roché ou les compagnons spirituels des « Etudes Cathares » référencés par José Dupré pour honorer leurs mémoires, citons notamment François Canavy (1881-1914), Pierre Lanta (1888-1957), Gérard Esparbès (1935-1959), Samuel Marc (1901-1959), Armand Deschamps (1914-2000), ou encore le journaliste et poète Louis Palauqui (1888-1967). Relevons surtout celui qui fut le premier compagnon de Déodat Roché, le poète occitan Prosper Estieu (1860-1939), né dans une modeste famille de cultivateurs vivant dans le Lauragais, à Fendeille, au sud de Castelnaudary. D'ailleurs leur première rencontre remonterait en juin 1900, précisément à Rennes-le-Château, où Prosper Estieu était, depuis octobre 1899, instituteur laïc. En fait, l'exil de Prosper Estieu dans ce coin perdu du Razès avait été imposé par l'inspection académique et le sous-préfet de Castelnaudary, M. Vassal ; une manière de sévir et d'écarter le gênant et virulent républicain qu'il était. Il est vrai qu'à cette époque, celle qui avait précédé la séparation de l'Eglise et de l'Etat (1907), les luttes politiques entre légitimistes et républicains furent très vives, pour ne pas dire très farouches. Républicain convaincu, ouvertement anticlérical et ami de tout ce que l'Aude comptait comme hommes de gauche, Prosper Estieu se lia tout naturellement à Déodat Roché.

Une amitié indéfectible s'instaura alors entre eux, alimentée sans retenue par leur idéal commun : celui de rehausser le patrimoine culturel du Languedoc. Déodat

---

[50] Réf : Henry Corbin in *Face de Dieu Face de l'Homme*, Flammarion, 1983. *Dictionnaire de la Franc-Maçonnerie*, p. 307, *op. cit.*

Roché se faisait l'ardent propagateur du néo-catharisme languedocien et Prosper Estieu, dans la lignée de son ami Franc-Maçon et félibre rouge [51] Auguste Fourès (1848-1891), le rénovateur de la langue d'Oc, un « félibre » qui demeurera dans l'histoire languedocienne du Félibrige l'un des plus remarqués [52] - mouvement, faut-il le rappeler, fondé en 1854 par sept poètes provençaux dont Frédéric Mistral (1830-1914), et qui avait pour objet de sauvegarder, maintenir et illustrer la langue et la culture d'Oc -.

Bien évidemment le catharisme ne fut pas étranger à Prosper Estieu, fondateur en 1896 de deux revues, avec les félibres ariégeois Arthur Caussou de Lavelanet et Teulié, *l'Escolo de Mountsegur*, au nom significatif, et surtout, avec la collaboration de son compagnon et confrère quercynois Antonin Perbosc (1861-1944) et le banquier A. Caussou, de *Montségur*, un bulletin qui glorifiait par des textes en occitan le passé cathare du Languedoc et qui invoquait par son lyrisme incantatoire « Montségur pour la revanche spirituelle de l'Occitanie ».

Il est vrai que précédemment l'ariégeois Napoléon Peyrat (1809-1881) avait, à l'image du protestant et bibliothécaire de Montauban Mary-Lafon, de Claude Fauriel ou

---

[51] Le Félibrige Rouge se rattacha au courant fédéraliste républicain par opposition au Félibrige Blanc de tendance monarchiste. Le Félibrige Rouge s'insurgeait alors contre le Félibrige provençal et affichait ouvertement une forme de propagande républicaine et une ambition de débarrasser le félibrige de toute compromission officielle avec la réaction ainsi qu'avec le catholicisme qui, selon Louis-Xavier de Ricard, est la négation même de la liberté. Paul Tirand in *1870-1945 Castelnaudary d'Auguste Fourès à Jean Mistler*, Rouffiac, 1991. Jean Mistler (1897-1988) était écrivain, député-maire de Castelnaudary et ministre de plusieurs gouvernements de la IIIème République.

[52] Il fut élu en 1900 Majoral du Félibrige et membre de l'Académie des jeux floraux de Toulouse. Cf. *Association Terre de Rhedae*, bulletin n°7, juillet 1993.

d'Augustin Thierry, publié sous une forme joliment paroxysmique et romancée *L'Histoire des Albigeois* (1870-1872). Il était bien entendu question de *Montsalvat* ou Montségur et d'un Graal méridional ou occitan. D'ailleurs, Prosper Estieu avait publié en 1908 « un livre de vengeance », *La Canson occitana* (la chanson occitane) dans lequel il invoqua le patronage de Napoléon Peyrat qu'il célébra comme le libérateur du Languedoc. Il exalta bien entendu Montségur et milita en 1911 pour élever un monument à Esclarmonde de Foix, une sœur du comte Raimond Roger de Foix et supposée princesse cathare de haute culture qui s'était fermement opposée aux théologiens catholiques. Dans cette enthousiaste initiative, Louis Palauqui avait même contribué à éditer une brochure pour soutenir le projet, et le sculpteur Grégoire Calvet avait préparé une maquette [53]. Finalement le projet avorta [54], imputable à la ferme et franche opposition de Mgr Jean-Marie Vidal qui, par souci d'historicité réelle semble-t-il (ce Mgr a peut-être oublié que l'Eglise catholique versa durant des siècles dans la mystification), dénigra l'aspect mythique d'Esclarmonde de Foix. Il prétextait, tout comme l'incorrigible Anne Brenon, que l'historiographie romantique du catharisme avait été propagée abusivement par Napoléon Peyrat qui voyait en

---

[53] Voir la jolie maquette insérée dans l'ouvrage de démythification du catharisme de Suzanne Nelli, *Montségur, Mythe et Histoire*, Editions du Rocher, avril 1996.

[54] Néanmoins le propos de Gheusi prête à confusion : « Je suis fier, je l'avoue, de l'amitié constante qu'il avait pour moi (il s'agit de Gabriel Fauré). Il poussait la bienveillance à mon endroit jusqu'à accepter, sur mes instances, la présidence de notre comité néo-Johannite à Pamiers – il y était né - où nous avons ensemble audacieusement élevé une statue à Esclarmonde, la grande diaconesse hérétique du Paraclet, dont je lui avais prouvé la parenté mystique avec le Parsifal de Montsalvat-Lavelanet ». Il se pourrait tout simplement que cette statue fut ensuite retirée. Pour la citation de Gheusi, se référer à son ouvrage *Cinquante ans de Paris, Mémoires d'un témoin 1889-1938*, p. 428, Librairie Plon, Paris, 1939.

Esclarmonde une diaconesse cathare, fondatrice et protectrice de la citadelle mystique de Montségur, où elle reposerait toujours dans une vaste crypte creusée au sein du pog [55].

Cinquante ans plus tard, le projet fut, sous l'initiative de Déodat Roché, relancé par la Société du Souvenir. Mais cette fois-ci il n'était plus question d'Esclarmonde de Foix - qui cela dit en passant fut ordonnée « bonne femme » à Fanjeaux en 1204 par Guilhabert de Castres et fut surtout citée comme défunte en 1215 -, mais des « bons hommes » et « bonnes femmes » des communautés de Montségur brûlés vifs le 16 mars 1244. Au printemps 1960, une stèle discoïdale consacrée aux martyrs cathares fut finalement érigée au pied du Pog de Montségur, sur le « Prat dels cramats », et inaugurée le jour de Pentecôte.

Les déboires de Proper Estieu à Rennes-le-Château

Pour en revenir à cet élu Majoral du Félibrige (1900) et ce membre de l'Académie des jeux floraux de Toulouse, outre ses œuvres et sa foule d'articles dans de nombreuses revues du midi, *La France d'Oc*, *Les Cahiers du Sud*, etc., notons que Prosper Estieu fut en butte avec la commune de Rennes-le-Château. Le curé de Rennes-le-Château voulait même, dans cette période d'intenses luttes anti-religieuses, éloigner de sa paroisse cet enseignant peu malléable, ce félibre républicain et anti-catholique. Il n'en demeure pas moins réel que le « curé aux milliards », le fameux abbé Saunière, était un bienfaiteur de la commune où conseil municipal et paroissiens sont ses obligés. Ce qui, par ailleurs, nous indique implicitement que Prosper Estieu, bien entendu, n'avait aucun lien avec l'étrange histoire du trésor de Rennes-le-Château (nous y reviendrons).

---

[55] Anne Brenon in *Le Dico des cathares*, *op. cit.*, p. 84.

« Incompris de la population, considéré un peu comme un original ou un hurluberlu, poète « patois » et « rouge », « chapaire de rictor » (mangeur de curé), Estieu ne peut en outre que déplorer le mauvais état de l'école et du logement du maître. En avril 1903, la situation empire et les événements s'accélèrent. Le curé rédige et signe lui-même une plainte et, en juillet, le maire menace de démissionner. Le Docteur Roché, conseiller général de Couiza et ami d'Estieu [56], sert d'intermédiaire afin de régler le conflit. On propose alors à l'instituteur un poste à Villeneuve-La-Comptal, non loin de son village natal. Refus de l'intéressé. Quelques jours plus tard cependant, se résignant à d'amicales mais fermes pressions, il accepte d'aller à Raissac-sur-Lampy, dans la Montagne Noire, où il restera finalement jusqu'à sa retraite. Prosper Estieu quittera Rennes-le-Château en août 1903 [57] ».

Le Mystérieux M. C. L'Ordre d'un Saint Graal

Qui était donc ce mystérieux M. C. ? Un M. C. de Bordeaux qui, d'après René Nelli [58], se trouvait à Montségur pendant la Seconde Guerre mondiale, où il gravissait chaque nuit la colline, pieds nus, quelque fois même en marchant sur les genoux, jusqu'au château où il disait avoir des visions des Parfaits cathares, de Saint Michel et de la Vierge Marie. Les initiales M. C. qui, comme l'avait relevé Gérard Galtier dans son captivant ouvrage [59], jalonnent l'histoire de l'occultisme au

---

[56] Il s'agit probablement du père de Déodat Roché.
[57] *Association Terre de Rhedae*, article de Jean Fourié, pp. 7-9, « Rennes-le-Château et Prosper Estieu », Bulletin n°7, juillet 1993. Notons qu'après sa retraite, Prosper Estieu résidait à Pamiers (Ariège).
[58] René Nelli, *Histoire secrète du Languedoc*, p. 213, Paris, Albin Michel, 1978.
[59] Gérard Galtier in *Maçonnerie Egyptienne Rose-Croix et Néo-Chevalerie. Les Fils de Cagliostro*, p. 294, Editions du Rocher, Paris, 1989.

vingtième siècle : M. C., l'un des initiateurs de Bricaud au Willermozisme ; M. C., un hermétiste contemporain de haute valeur d'après l'alchimiste Henri Servant ; M. C., auteur, d'après l'ouvrage bien connu de Jean Saunier (1939-1986 ?), d'une introduction à l'édition de 1948 de la *Mission des Souverains* par Saint-Yves d'Alveydre (1842-1909) ; le druide M. C., réorganisateur du Collège du Grand Chêne Celte.

Que fut encore ce M. C. ? Un ami de celui qui était à la pointe de l'occultisme français durant la période de la Belle-Epoque, un certain F.-Ch Barlet *alias* Alfred Faucheux (1838-1921), naguère le représentant en France, entre autres, d'une « Fraternité Hermétique de Luxor » (H. B. of L.). Mais encore ! M. Guyader *alias* Pierre Geyraud mentionna dans son ouvrage *Les Sociétés secrètes de Paris* un certain M. C. comme étant le chef d'une société de type rosicrucien et essentiellement christique, la F. T. L. (*Fraternitas Thesauri Luci*). Fondée vers 1898 par Sédir *alias* Yvon Leloup (1871-1926), Papus et Marc Haven *alias* Emmanuel Lalande (1868-1926), cette société fort discrète avait une filiale à Bordeaux, nommée le « Saint-Graal »[60].

Qui se cache donc derrière la signature de M. C. ? Le flou est permis, d'autant plus que le descriptif initiatique de M. C. étalé ci-dessus pourrait correspondre à plusieurs personnages. Au premier chef nous nommerons (notez le conditionnel !) Henri Meslin de Campigny (1896-1949), un théosophe qui tenait en très haute estime madame Blavatsky [61] et qui dirigeait à partir de 1946 la revue

---

[60] Pierre Geyraud in *Les sociétés secrètes de Paris*, p. 56, Editions Emile-Paul Frères, Paris, 1939.
[61] Voir *Les Traditions et les Doctrines Esotériques* de H.-M. de Campigny, Editions Astra, Paris, 1946.

théosophique *Le Lotus Bleu* [62]. Il fut aussi évêque gnostique sous le *nomen* patriarchal de « Tau Harmonius » et auteur d'ouvrages tout aussi éclectiques que son parcours spirituel.

Une autre figure de l'ésotérisme se profile aussi derrière ce sigle (en tenant compte que la lettre M. se réfère à Monsieur), à l'image du nantais le Dr Auguste-Edouard Chauvet (1863-1946), auteur d'un conséquent ouvrage sur *L'Esotérisme de la Genèse* (1946), un féru de Saint-Yves d'Alveydre qui était au début du vingtième siècle Martiniste sous le hiéronyme de « Saïr ». Auguste-Edouard Chauvet qui, avec James Chauvet (son homonyme), Octave Béliard (1876-1951) et Léo Gaubert, émettait le désir de créer, dès 1921, un « Ordre de Chevaliers du Christ » centré autour du Saint Graal. A. E. Chauvet, finalement, se détachera de cette entreprise que Béliard et surtout James Chauvet essayèrent de réaliser. Le Dr Octave Béliard, qui fut par ailleurs initié au Martinisme par Papus en 1896, souhaitait structurer l'Ordre en 78° en référence aux lames du tarot adoptant l'Hexade archéométrique avec ses correspondances dans tous les plans [63]. Mais ses trois acolytes se dirigèrent vers une constitution en 6° auxquels un 7° sera ajouté : L'Ordre du Saint Graal comprendra sept grades, dont l'un pratiquement inoccupé et idéal [64]. Les sept grades sont ainsi dénommés : 1er degré Familier ou adopté, 2°) Poursuivant, 3°) Prieur, 4°) Ecuyer, 5°) Chevalier, 6°) Commandeur, 7°) Grand-Maître ou Roi. Mais il semble que l'affaire, leur grande affaire, en resta là. Et pourtant !

---

[62] Voir l'article de Daniel Caracostea intitulé « Le lotus bleu a cent ans » in Le *Lotus bleu* de mars 1990, pp. 59-63.
[63] Robert Amadou in *La Queste du Graal*, p. 87, Cariscript, Paris, 1987.
[64] *Op. cit.*, p. 89.

Un troisième personnage se dégage dans le microcosme initiatique de M. C. Il s'agit en l'occurrence du Dr James Chauvet (1885-1955) qui, lui, vivait à Bordeaux ! Etait en relation épistolaire avec l'hermétiste chrétien Louis Charbonneau-Lassay (1871-1946) et le poète hermétiste Oscar Vladislas de Lubicz-Milosz (1877-1939) qui mérite de par son long et fidèle engagement spirituel le qualificatif de pèlerin de l'absolu. James Chauvet dirigeait vers 1927, selon l'excellent ouvrage d'Alexandra Charbonnier [65], à Bordeaux, bien naturellement, sa « Société des Chevaliers du Saint Graal » dont on ne sait presque rien, hélas ! C'est d'autant plus regrettable que certains possèderaient des documents non négligeables sur James Chauvet et son Ordre.

Mais que vient faire à Montségur cet ingénieur répondant du nom de M. Arnaud (ou se faisant ainsi appeler) ? Un ingénieur de Bordeaux et qui plus est un hermétiste ! En fait, ce M. Arnaud croyait que Montségur abritait le Graal. Il avait ainsi entrepris vers 1930 de faire des fouilles sous le château de Montségur, avec le ferme espoir d'y trouver des souterrains contenant un trésor matériel et un évangile de Saint-Jean qui contiendrait la véritable doctrine de Jésus-Christ. Otto Rahn qui avait fait sa connaissance le jour même de son arrivée (il éprouvait une certaine antipathie à son égard) releva, dans *La Cour de Lucifer* (1937), que M. Arnaud :

« A passé avec la commune de Montségur un contrat aux termes duquel, au cas où son entreprise serait couronnée de succès, il lui cèderait la moitié du trésor…Qu'il faisait

---

[65] Alexandra Charbonnier in *Milosz l'étoile au front*, p. 347, Dervy, Paris, 1993.

partie d'une société qui exigeait de ses membres qu'ils gardassent le silence sur ces sujets [66] ».

Selon Christian Bernadac [67], les travaux de M. Arnaud étaient en réalité financés par la Société Française de Théosophie. Las, les nombreux et divers documents qui siégeaient au sein de la Société Théosophique de Paris, c'est-à-dire à l'époque où le Professeur Jean-Emile Marcault la dirigeait [68], furent pendant la guerre de 1939-1945 dérobés par les allemands, par ordre, toujours selon Bernadac, des théoriciens du national-socialisme, on pense en particulier à Alfred Rosenberg (1893-1946) [69]. Ce qui reste fort dommage car si documents il y avait, cela aurait pu non seulement accréditer l'affirmation de Bernadac mais apporter de précieux renseignements complémentaires.

Loin de nous d'affirmer que M. Arnaud était James Chauvet, mais le parallèle méritait tout de même d'être mentionné. Il va sans dire qu'une recherche plus fouillée sur ce personnage et James Chauvet nous donnerait peut-être un nouvel éclairage sur le vaste et bouillant univers des sociétés hermétiques ou occultistes d'avant-guerre.

Montségur et le Graal. Le Sâr Péladan

De Montségur au Graal, la transition est toute indiquée avec Joséphin Péladan (1858-1918), auteur d'un ouvrage

---

[66] Cit., Christian Bernadac in *Le Mystère Otto Rahn du catharisme au nazisme*, p.41 et 43, éditions France-Empire, 1978. Voir aussi René Nelli *Les Cathares ou l'éternel combat*, p.211, Culture, Art, Loisirs, Paris, 1972.
[67] *Op. cit.*, p. 41.
[68] *Le Lotus Bleu*, mars 1990, opus cité.
[69] Toutefois, retenons la nomination du tristement célèbre Bernard Fay à la tête d'un bureau qui s'installa square Rapp (endroit où était implanté la Société Théosophique) et dont la mission consistait à pourchasser les membres des sociétés secrètes.

dans lequel Graal et Chevalerie sont omniprésents. Il fut promoteur, à la façon d'un wagnérisme ambiant, de la légende du Graal qu'il greffa sur Montségur en identifiant la montagne sainte de l'Ariège et le Montsalvat de *Lohengrin* et de *Parsifal* :

« La fiction et l'histoire en ce sujet, se répondent avec un parallélisme singulier : l'Ordre du Temple ne réalise-t-il pas l'ordre du Graal, et Montsalvat n'a-t-il pas un nom réel, Montségur [70] ».

Un homme bien singulier ce méridional qui, dans le milieu occultiste parisien, se composait un personnage qui tenait à la fois de l'esthète, du mage, du sâr chaldéen et de l'initié. La mouvance « papusienne » de la Belle-Epoque en avait beaucoup parlé, surtout lorsque Péladan rompit avec « l'Ordre de la Rose-Croix Kabbalistique » (1888) de Stanislas de Guaita (1861-1897) en jetant à qui voulait bien l'entendre des mandats ou des excommunications. Il est vrai que l'auteur du *Vice suprême* (1883), ouvrage élogieusement préfacé par le dandy notoire Jules Barbey d'Aurevilly (1808-1889), s'était nouvellement autoproclamé, sous le hiéronyme de Sâr Mérodack, Grand Maître de « l'Ordre Catholique du Temple et du Graal » (1890).

Cette société rosicrucienne dissidente, qui regroupait certains talentueux artistes ou écrivains au nombre desquels figuraient Elémir Bourges (1852-1925), le comte Léonce de Larmandie (1851-1921), le comte Antoine de la Rochefoucauld (1862-1959), Gary de Lacroze (1867-19 ?) et l'énigmatique Samas, se ramifiait en Rose-Croix Esthétique pour restaurer, en toute splendeur, le culte de « l'Idéal » avec la « Tradition » pour base et la « Beauté »

---

[70] Joséphin Péladan in *Le Secret des Troubadours. De Parsifal à Don Quichotte*, p. 31 et 45, Les Cahiers Ker-ys n°4, 1989.

pour moyen. Avec l'élite artistique de son temps, le Sâr Péladan donna ainsi naissance au Salon de la Rose-Croix (1892-1897).

Qualifié de traître et de « bon fumiste » par les occultistes papusiens et d'excentrique exubérant ou de mystificateur fantasque par d'autres contemporains qui le jugèrent superficiellement sur son originalité vestimentaire et ses outrances verbales, il se profilait derrière ce masque un créateur néanmoins original. Il possédait des talents multiples mais ne su pas, à cause de son langage hermétique, gagner les faveurs du public lors de son fameux Salon de la Rose-Croix. Considéré comme un prétentieux ridicule, qualificatif imputable en grande partie aux échotiers parisiens, son premier salon esthétique tenu à la galerie Durant-Ruel, rue Le Peletier, fut pourtant un réel succès :

« Qui n'a pas entendu parler du Sâr Péladan, Lyonnais mystique et truqueur que tout Paris bafouait il y a six mois, et qu'il est bien près d'adorer ? Qu'a-t-il fallu pour en arriver là ? De la ténacité dans le puffisme, une grande habileté à prendre le vent, l'esprit de conduite uni à la bizarrerie d'imagination. La grande erreur des bohèmes de lettres a toujours été de transporter leurs fantaisies du domaine des idées dans la pratique de la vie ordinaire. Péladan n'est pas tombé dans cette illusion commune : il a en même temps assaisonné ses manifestations de la dose de charlatanisme chère aux parisiens ; avec son épaisse crinière noire qui lui tombe sur le front, son air égaré ou inspiré derrière lequel se cache un bonhomme très malin, sa longue robe violette qu'il remplace par un pourpoint de soie noire, il a conquis l'affection de Paris... Péladan est à nous : il peut bien remplacer Scapin. Son salon a tous les défauts, sauf celui d'être banal. Les artistes qui l'ont suivi ne sont pas tous sans alliage : quelques-uns sont de simples fumistes ; ce sont ceux-là que les gobeurs admirent le plus [71] ».

Après la mort de Péladan survenue le 27 juin 1918 et due, semble-t-il, à une indigestion de crustacés, son nom évoqua durant des décennies et même encore aujourd'hui l'exubérance fin du XIXe siècle. Une telle réputation léguée à la postérité relevait tout de même pour Emile Dantinne (1884-1969) *alias* Sâr Hiéronymus d'une méconnaissance profonde du personnage, de cette âme sensible, de cette figure singulière, magique et religieuse. En 1948, Dantinne combla pour un petit nombre d'esprits ouverts et cultivés cette lacune en éditant sa rigoureuse et pertinente étude *L'œuvre et la pensée de Péladan. La philosophie rosicrucienne* dans laquelle naturellement il clarifia par ses multiples commentaires la pensée artistique, politique, sociale, religieuse et philosophique du Sâr Péladan. A l'instar d'Emile Dantinne, signalons la longue et excellente introduction du célèbre guérisseur rosicrucien le Dr Edouard Bertholet (1883-1965), *Les Lettres inédites de Stanislas de Guaita au Sar Joséphin Péladan* (1952) [72].

Néanmoins, une navrante constatation sur le prétendu successeur de Péladan ou plutôt sur le comportement fort étrange de ce prétendu adepte de la mystique, Emile Dantinne, qui semble avoir oublié que l'âme (métaphoriquement parlant) n'a pas de couleurs [73] ! ! !

---

[71] *La Petite Revue*, hebdomadaire illustrée, « Le Salon de la Rose-Croix », article en deux colonnes signé par Ch. Normand, p. 220, premier semestre 1892.
[72] Pour les ouvrages cités voir en fin d'ouvrage l'index bibliographique.
[73] Dantinne versait dans le racisme. Fait signalé par Christian Rebisse in *Rose-Croix – Histoire et mystères*, p. 338 et 392, Diffusion Traditionnelle, Le Tremblay, mars 2003.

Pierre-Barthélemy Gheusi

La vie atypique de Pierre-Barthélemy Gheusi *alias* Norbert Lorédan, ce capitolin né à Toulouse le 21 novembre 1865 et décédé à Paris le 30 janvier 1943, mérite sans doute qu'on s'y attarde un peu, d'autant plus qu'elle présentait quelques similitudes frappantes avec le non moins troublant personnage de Jules Bois. Mais pour l'heure, laissons en suspens les traits essentiels de sa biographie, de celui qui était le cousin éloigné de Gambetta, et retenons dans le contexte de ce chapitre qu'il fut considéré par Péladan comme l'unique poète qui su, dans son beau drame sur les Cathares ressusciter l'âme albigeoise [74]. Ce que contestera comme de coutume les *Cahiers de Fanjeaux* en classant Gheusi dans la catégorie des mythographes du catharisme, puisque ce dernier avait donné avant 1900, sous le titre de *Montsalvat. Le Graal et la guerre des Albigeois*, un roman historique en trois actes et quatre tableaux sur Montségur et les cathares qui installe définitivement le Graal en pays d'Olmes. Pierre-Barthélemy Gheusi fut aussi avec Paul Lavigne l'auteur d'un roman « cathare », intitulé *Gaucher Myrian* (1893), dans lequel est narrée la vie aventureuse d'un escholier féodal, puis d'une préface en 1913 du *Contes du pays d'Oc* de L.-G. Mayniel.

P.-B. Gheusi, qui pendant cette période de l'époque insouciante était intéressé par l'occultisme et considérait même Papus comme son maître [75], avait prêté allègrement sa plume, fait trop peu connu, à un cahier mensuel d'Art, d'Occulte et de Mystique, et qui avait pour nom principal *Le Graal*, auquel collaboraient le spagyriste Jean Mavéric *alias* Petit Jean, Barlet, Victor-Emile Michelet (1861-

---

[74] Péladan, *op. cit.*, p. 45-46.
[75] P.-B Gheusi, *Cinquante ans de Paris*, tome 2, *Leurs femmes (1889-1938)*, p. 373, Paris, Plon, 1940.

1938), Paul Sédir, Fabre des Essarts, Han Ryner *alias* Jacques Henri Ner (1861-1938), pour ne citer qu'eux. Notons aussi sa participation, peut-être assez brève, au sein de la Franc-Maçonnerie et en 1907 à « l'Eglise Catholique Gnostique » de Bricaud et du Dr Fugairon, dans laquelle Pierre-Barthélemy Gheusi fut reçu sous le *nomem mysticum* de Guilhabert. Signalons aussi, élément rarement relevé, qu'un proche de Gheusi, le compositeur Gabriel Fauré (1845-1924), y fut initié.

Chapitre III

Maurice Magre et le Graal
Les Polaires
Le Mystère Otto Rahn

Montségur ou *Montsalvat* (son équation du XIX siècle) et son fameux château qui fut construit après le martyr des parfaits firent couler beaucoup d'encre. S'agirait-il donc d'un temple à l'architecture secrète, dont les murailles en pentagone établiraient pour certains des correspondances entre les forces telluriques et le zodiaque ? Fut-il le tabernacle du Graal ? Une allégorie symbolique et spirituelle ou une pièce d'orfèvrerie ? Seule évidence, le Graal et les divers motifs qui s'y rapportent ont suscité un vif intérêt ces dernières décennies, et l'ascension du Pog, parfois délicate, prenait valeur initiatique. Le Graal pyrénéen, comme nous allons le découvrir, continuait de faire vocation dans les milieux ésotériques du XXe siècle, pour le meilleur et pour le pire.

Maurice Magre

Comment ne pas citer l'auteur de ces notoires ouvrages *Le Sang de Toulouse* (1931) et *LeTrésor des albigeois* (1937), en l'occurrence le toulousain Maurice Magre (1877-1941), d'autant plus que nous pouvons découvrir en gravissant le sentier qui conduit au château de Montségur, au grand dam du journaliste Christian Bernadac [76], son nom gravé sur une médaille et placée contre la roche : « Au poète Maurice Magre, en souvenir des œuvres qu'il a consacrées à la glorification de Montségur ».

Que fut la vie de Maurice Magre ? Riche, complexe, tourmentée, torturée, sensuelle, rêveuse, et pour finir mystique. Tour à tour poète, romancier, dramaturge et essayiste, voluptueux, opiomane, philosophe et occultiste à sa manière, ses œuvres poétiques, théâtrales, romanesques et philosophiques abondent dans ce sens. Maurice Magre eut, soixante après son décès, enfin son premier biographe : Jean-Jacques Bedu, qui à sa manière, a fait œuvre utile en le dépeignant par une étude exhaustive et approfondie de sa personnalité et en effaçant du même coup, peut-être, l'étrange et sulfureuse réputation qui entourait ce personnage fort incompris [77]. L'ardent défenseur de la cause féministe, Jules Bois avait, bien connu ce personnage et le tenait même en estime. A titre indicatif relevons, pour très modestement compléter l'ouvrage de Jean-Jacques Bedu, leurs collaborations respectives, en janvier 1896, à *La Plume*, une revue de littérature, de critique et d'arts indépendants de Léon Deschamps (1863-1899) [78], et surtout les lyriques proses de Jules Bois contenues dans son ouvrage au nom significatif, *L'Humanité divine*, et dédiées aux intelligences qui se sont employées à chercher par des moyens divers ce surnaturel, telles Maurice Magre... [79]. Aux alentours de 1950 Roger Gaillard, l'un des fidèles

---

[76] Ch. Bernadac, *op. cit.*, p. 454. Joseph Mandement (18?-1958) en fut le promoteur.
[77] *Maurice Magre Le lotus perdu*, Dire éditions, Cahors, 1999.
[78] Voir les textes de Bois et Magre dans le numéro 162, 15-31 janvier 1896.
[79] Jules Bois in *L'Humanité divine*, pp.170-172, Eugène Fasquelle, éditeur, Paris, 1910.

amis de Maurice Magre, témoigna en quelques lignes concises que :

« Magre, qui a fini comme un ascète, a commencé comme un libertin. Vers trente ans, toutes proportions gardées, il était Casanova. Vers cinquante, il avait à peu près répudié le désir. Aux abords de la soixantaine, il montrait le détachement et la sérénité souriante de Sakiamouni (sic) [80] »

En marge de ses incontournables et nombreuses fréquentations dans les salons littéraires parisiens [81], le parcours spirituel de Maurice Magre demeure bien connu des apologistes de l'occultisme. D'ailleurs ses œuvres écrites aidant et permettant par la même occasion de repérer aisément les étapes de son évolution intellectuelle et spirituelle, on constate que l'enseignement bouddhiste l'avait profondément marqué ; il s'en expliqua dans *Pourquoi je suis bouddhiste ?* (1929). On apprend dans ce même ouvrage qu'il découvrit dans le salon de madame Doucenoir, avant sa conversion au Bouddhisme, l'œuvre maîtresse de Madame Blavatsky, *La Doctrine Secrète*, qu'il lira et relira avec respect et admiration. Il fut naturellement lié avec la Société Théosophique parisienne, sise square Rapp, et à la famille Blech, Aimée Blech (1863-1930) et Charles Blech (1855-1934). Ce dernier était un personnage surtout connu pour avoir écrit en 1933 *Contribution à l'Histoire de la Société Théosophique en France*, ouvrage d'un intérêt historique non négligeable et qui contient un certain nombre de correspondances entre principalement H. P. Blavatsky et les fondateurs ou membres de la section théosophique française [82].

---

[80] Bedu, *op. cit.*, p. 247. Roger Gaillard in *Le Joueur et le Sapajou*, Calmann-Levy, 1953.
[81] On peut se référer bien entendu à l'ouvrage de Jean-Jacques Bedu.
[82] Editions Adyar, Paris, 1933.

Magiciens et Illuminés (1930), le grand classique par excellence de Maurice Magre fut auprès d'un large public couronné de succès. Sa présentation dénotait un brin de lyrisme, une touchante simplicité et un soupçon de naïveté [83] : Apollonius de Tyane, le Maître inconnu des Albigeois (une première), la Rose-Croix, le mystère des Templiers, Nicolas Flamel et la pierre philosophale, Saint-Germain l'immortel, Cagliostro l'imposteur, madame Blavatsky et les Théosophes...

On ne peut passer sous silence son autre livre à succès *La Clé des Choses cachées* (1935) et surtout *À la Poursuite de la Sagesse* (1936) qui retrace, comme le signala son biographe Jean-Jacques Bedu, les quelques moments poignants et inoubliables qu'avait vécu Maurice Magre en Inde. Le fait est à souligner car, au cœur de l'année 1935, Maurice Magre s'était retrouvé à Pondichéry dans l'ashram d'un sage qui allait marquer les annales du mysticisme dans le monde de l'occident. Il s'agissait d'Aurobindo Ghose, dit Sri Aurobindo, né à Calcutta le 5 décembre 1872 et décédé le 5 décembre 1950, et de la non moindre célèbre Mirra Alfassa, dite « La Mère », née le 21 février 1878 à Paris et décédée le 17 novembre 1973, celle qui l'avait rejoint en mars 1914. Elle avait été auparavant, le fait est encore à relever, formée à l'occultisme pratique à Tlemcen (Algérie) en 1906 et 1907 par l'énigmatique Max Théon, Grand Maître de « La Fraternité Hermétique de Louxor », désignée sous ses initiales anglaises H. B. of

---

[83] On peut s'étonner toutefois de la remarque non étayée de Bedu qui annonce que l'ouvrage de Magre est « une documentation précise sur ces illuminés », alors qu'elle n'est en réalité qu'une version simpliste, globale et approximative. Toutefois, le syncrétisme mystique de Magre fut toujours bien accueilli par le grand public (et c'est fort bien !). Voir pour la citation de Bedu, *op. cit.*, p. 226.

L., et fondateur par la suite, vers 1901, d'un « Mouvement Cosmique »[84].

Maurice Magre et le Graal

Nous le savons ! Du Graal pyrénéen au Graal de l'île de Bretagne, ou l'inverse, le Graal, un substantif courant, a toujours suscité une fascination sans borne, même si personne ne sait ce que c'est. Reconstituer chronologiquement son légendaire à partir des nombreuses et différentes versions existantes n'est guère aisé, que ce soit dans la version cistercienne qui la présente tantôt comme l'écuelle qui servit à Jésus pendant la Cène, tantôt comme le fils de Lancelot du Lac, le pur Galaad, ou dans d'autres versions avec Perceval, le héros du Graal. Et prétendre qu'elle est la bonne version, ou du moins la plus conforme à un éventuel original qui aurait été perdu, relèverait de la gageure. Peu importe, car chercher le Graal c'est en définitive se chercher soi-même affirmait Maurice Magre.

De retour en France, au pays du Graal pyrénéen si cher à ce fils de Toulouse et cet ami de Montségur, le Saint Graal captive donc plus jamais Maurice Magre, le nourrit par l'entremise de son support psychique qui avait fini au fil des années par se figer durablement (l'imagination créatrice) au même titre qu'un fervent catholique qui catalyse sa foi sur l'image d'un Christ cloué sur la croix ou d'un bouddhiste tibétain visualisant une « Tara blanche ». Peu importe la croyance car cette force de support, qui ne peut en aucun cas être associée à cette

---

[84] Mouvement Cosmique qui fut indirectement à l'origine d'Auroville. Sur l'histoire mystérieuse de cet ordre, on pourra se référer sur l'incontournable et intéressant ouvrage de Christian Chanel, John P. Deveney et Jocelyn Godwin, *La Fraternité Hermétique de Louxor (H. B. of L.) Rituels et instructions d'occultisme pratique*, Editions Dervy, 2000.

imagination « combleuse de vide », une expression d'ailleurs chère à Anne Brenon [85], fut pour Maurice Magre une prise de refuge et un moyen de développer un esprit d'éveil, à la manière d'une antenne ou d'un réceptacle de force. Le sang du maître ou du Christ, qui était alors sur la croix, versé dans une coupe dont se servit Jésus la veille de sa mort lors de l'institution de l'Eucharistie, dans laquelle, selon une version cistercienne, Joseph d'Arimathie recueillit quelques gouttes de sang du divin crucifié, prendrait valeur initiatique et sa suprême récompense en serait le règne de la science suprême et de l'amour universel, but ultime selon Magre du « questeur du Graal ».

Autrement dit, le véritable Graal n'a pas d'existence matérielle pour Maurice Magre et Francis-Rolt-Wheeler (1876-19 ?). Le Graal est un secret qui a trait à la mort et à la vie éternelle de l'âme. D'ailleurs nombre d'ésotéristes penchaient dans ce sens symbolique, notamment l'éminent hermétiste italien et aristocrate impérialiste Julius Evola (1898-1974), sujet bien connu pour une forme de « Tradition » (jugée excessive pour certains) et sa franche révolte contre le monde moderne :

« Le Graal n'a rien à voir avec les débordements mystico-affectés de la première tendance, ni avec les dissections savantes de la seconde. Dans le Graal repose, caché, un contenu vivant, un « mystère » qui doit aujourd'hui encore être considéré dans une grande mesure comme inconnu. Ce mystère est avant tout purement métaphysique [86] ».

---

[85] Avec un certain parti pris et une ignorance totale de l'occultisme, Anne Brenon adressa aux inconditionnels de l'ésotérisme cet euphémisme. Pour la citation voir *Le vrai visage du catharisme*, p. 9.
[86] Julius Evola in *Le Mystère du Graal*, Editions Traditionnelles, 1982.

Ou encore l'ésotériste chrétien Paul Le Cour qui n'aimait pas du tout Evola et qui écrivit, peu de temps avant sa mort, au poète Philéas Lebesgue (1869-1958) :

« Je reproche à notre Eglise de nous avoir détournés de la vérité. En ce qui me concerne, après tant d'années consacrées à la queste du Graal symbolique, j'ai acquis la tranquillité de la pensée et je me prépare sans crainte au grand voyage [87] ».

Le 26 juillet 1937, Maurice Magre fondait à Montségur, avec l'astrologue et occultiste britannique Francis Rolt-Wheeler [88], son association « Les amis de Montségur et du Saint-Graal de Sabarthès et d'Occitanie » avec pour organe un bulletin interne intitulé *Les Cahiers de Montségur*. Le Graal pyrénéen qui allait faire par son épiphénomène le délice, pour le meilleur et le pire, des « Polaires », d'Otto Rahn et de la « Rose-Croix d'Harlem ».

Les Polaires

« La Fraternité des Polaires », un mouvement douteux et suspect pour certains, pour d'autres une école fantaisiste entichée, de tout un armada de symbolismes et de rituélies pseudo-maçonniques ou rosicruciennes, et enfin pour quelques uns encore une véritable société initiatique. Quel que soit le sérieux de cette école, relevons que ce mouvement, qui politiquement parlant et par idéologie se situait dans une forme traditionaliste, aristocratique et

---

[87] Lettre du 6 septembre 1952, voir François Beauvy in *Philéas Lebesgue et ses correspondants en France et dans le monde*, p. 171, Awen, octobre 2004.
[88] Un curieux personnage qui mériterait une biographie. Francis-Rolt-Wheeler fut le fondateur, vers 1929, d'un Institut astrologique de Carthage et d'une revue, *Astrosophie*, dans laquelle nous trouvons des articles de Prosper Estieu.

impérialiste, marqua incontestablement la période des années 1930, suffisamment en tout cas pour retenir l'attention de l'élite occultiste parisien, de l'historien attitré des sociétés secrètes qu'était Pierre Geyraud, un nom que nous avons au demeurant déjà évoqué, et même du mage américain répondant au nom de Harvey Spencer Lewis, personnage que nous aurons dans cet ouvrage l'occasion d'évoquer plusieurs fois. Son organe le *Bulletin des Polaires*, dont j'ai sous les yeux le numéro 1, apparaîtra le 9 mai 1930. On y apprend notamment que la Fraternité des Polaires, qui se voulait essentiellement adogmatique, avait pour but de préparer l'avènement de l'Esprit sous le signe de la Rose et de la Croix et qu'il était détenteur d'un « Oracle de Force Astrale » qui permettrait de communiquer directement avec un centre ésotérique rosicrucien de l'Himalaya, centre duquel ils dépendaient. En fait, l'origine de cette curieuse histoire proviendrait d'un mystérieux ermite de Bagnaia - petit bourg du Viterbais situé dans la province de Rome - répondant au nom de Père Julien et qui se singularisa par son étrange « Oracle » :

« qui permettait d'obtenir, grâce à de très long calculs dont le détail était indiqué dans un vieux manuscrit, des réponses du plus grand intérêt, tant sur des sujets personnels que sur des questions philosophiques [89] ».

Cette technique divinatoire fut finalement léguée en 1908 par le Père Julien à un jeune italien, répondant du nom de Marion File [90]. Ce dernier, à son tour, en parla lors de son séjour en 1918 en Egypte à un certain Cesare Accomani *alias* Zam Bothiva qui, après quelques essais concluants, s'enthousiasma de la méthode. Ils décidèrent de retrouver le Père Julien mais l'oracle répondit que l'ermite avait

---

[89] *Bulletin des Polaires*, p. 4, numéro 1, Paris, 9 mai 1930.
[90] Pierre Geyraud in *Les Sociétés secrètes de Paris*, p. 58, Paris, Editions Emile-Paul Frères, février 1939.

rallié son couvent de l'Himalaya. En 1929, ils fondèrent, après l'injonction de l'oracle, « les Polaires », titre allégorique qui se référerait selon un mythe à une montagne sacrée, à une tradition primordiale : « la Tradition Boréale » qui émanerait de la légendaire Thulé. Ce fut dans un local d'un journal parisien, *Le Matin*, sis rue Richelieu, que les Polaires publièrent sous la gérance de Gérard de Seneilhac leur bulletin mensuel qui, d'entrée, plébiscita l'ouvrage de Zam Bothiva *Asia Mysteriosa* avec pour sous-titre *L'Oracle de Force Astrale comme moyen de communication avec « Les Petites Lumières d'Orient »* (1930).

Une petite parenthèse sur l'intéressante coïncidence relevée par Gérard Galtier, celle concernant le Père Julien qui avait annoncé le 8 avril 1930 sa mort, donc un mois avant la première publication du bulletin, et d'un mage napolitain répondant du nom de Giuliano Kremmerz [91] (dont le prénom est la forme italienne de Julien) et fondateur de la « Fraternité de la Myriam ». Ce dernier, en effet, avait prédit sa propre fin et tombait dans le coma le 7 mai 1930 pour mourir le 16 de ce mois [92].

En mars 1932, Accomani se retira définitivement du Groupe Polaire, dont le siège se trouvait depuis le 27 août 1930 dans un studio du rez-de-chaussée d'un grand immeuble, sis 36 avenue Junot (Paris 18ème), et laissant désormais sa place de chef vacante à Victor Blanchard. En fait, il s'avèrerait qu'Accomani ne semblait plus du tout

---

[91] De son vrai nom Ciro Formisano, né à Portici (près de Naples) le 8 avril 1868 et fondateur en 1896 d'une fraternité hermétique, « La Fraternité Thérapeutique Magique de la Myriam », qui serait une émanation d'un Grand Ordre Osirien Egyptien. Pour de plus amples informations sur la Myriam et Kremmerz, voir l'excellent ouvrage de J.-P Giudicelli de Cressac-Bachelerie in *Pour la Rose Rouge et La Croix d'Or*, pp. 183-185, Axis Mundi, Paris, 1988, ainsi que la revue *L'Originel*, numéro 2, 1995, pp. 28-33.

[92] Gérard Galtier, *op. cit.*, p. 323.

convaincu de la fiabilité de l'oracle, nonobstant la sortie de son autre ouvrage sur celui-ci *La Magie dans l'art du chant* [93]. Il s'était auparavant employé sans succès, au moyen d'une baguette (de radiesthésiste), à fouiller le château de Montségur, en compagnie d'une dame affiliée à l'Eglise Gnostique qui prétendait, selon la narration parfois assez folklorique de Pierre Geyraud, être la descendante de l'albigeoise Esclarmonde de Foix, celle qui aurait avant de mourir dissimulé ses trésors. Cette atypique dame était en réalité la comtesse Pujol-Murat (18 ?-1935), une spirite convaincue qui prétendait appartenir à la lignée de la Grande Esclarmonde et qui la voyait en esprit sur la terrasse de Montségur lisant dans les étoiles [94]. De son côté, Zam Bothiva entra en relation avec un centre de spiritualistes britanniques, la « Loge d'Aigle Blanc », qui délivrait des messages médiumniques, avec le secret espoir de retrouver l'évangile de Jean non falsifié [95].

En définitive, l'orientation ontologique du Groupe Polaire devient, à partir de 1932 ou 1933, assez confuse, voire hétérogène. Il semblerait que deux tendances distinctes s'affichaient au sein de cette mouvance : les uns toujours fidèles à la croyance d'un réseau occulte qui dirigerait l'humanité, à la manière d'une « Grande Loge Blanche » (idée antérieure d'origine théosophique) ou, à l'image du Polaire Victor Blanchard, Jeanne Canudo et Vivian Postel du Mas, d'un « Agartha »; et les autres qui manifestaient leurs accointances envers le Graal [96] et les Albigeois, tels

---

[93] Ouvrage publié chez Dorbon-Aîné et daté de 1933, avec une préface de Pierre Bertin. Cf, Dorbon-Aîné in *Bibliotheca Esoterica*, p. 553.

[94] En revanche, j'ignore si la comtesse était affiliée à l'Eglise gnostique comme le fut, sous le nomen d'Esclarmonde, une certaine Marie Chauvel de Chauvigny (1848-1927).

[95] Suzanne Nelli, *op. cit.,* pp. 115-116.

[96] Signalons qu'il existait un « Mouvement du Graal » au Vompeberg (Tyrol) ; cénacle fondé en 1928 par le mystique Bernardt Oskar Ernst *alias* Abd-Ru-Shin (1875-1941). Il aurait été en butte avec les nationaux-socialistes et expulsé d'Autriche en 1938. Abd-Ru-Shin in

Maurice Magre, Henri Meslin de Campigny, la comtesse de Pujol-Murat et le troublant Otto Rahn. Parmi tout ce petit monde on relevait aussi - outre la brève présence de René Guénon qui devait initialement préfacer l'ouvrage de Zam Bothiva avant de se rétracter et publier en février 1931 [97] un sévère pamphlet contre les Polaires - la participation du martiniste Jean Chaboseau ; de René Odin ; de Gérard de Seneilhac ; de Mlle Fernande Guignard ; de Renée Remande ; de Gabrielle Coquet, de Lydie Martin ; de M. G. Bauden, l'administrateur du *Bulletin des Polaires* ; du prince You-Kantor du Cambodge, écarté néanmoins pour son esprit ambitieux et dogmatique et aussi pour son goût prononcé pour une forme de magie jugée peu orthodoxe ; de Mgr Lesètre, un Polaire de la première heure ; de l'antimaçon Jean Marquès-Rivière (1903- ?) ; du poète et journaliste Fernand Divoire (1883-1951), rédacteur en chef bien connu de l'*Intransigeant* et futur occultiste repenti …

Quelques mots sur Jean Rivière *alias* Jean Marquès-Rivière, connu surtout pour son action anti-maçonnique durant l'occupation. Il révéla qu'il n'avait découvert les buts réels de la « Fraternité polaire » qu'en franchissant le dernier degré de leur initiation, ce qui, sans que l'on en sache réellement plus, précipita la condamnation des Polaires [98].

Victor Blanchard

Toutefois, « La Fraternité des Polaires » semblait avoir retrouvé un second souffle et une certaine vigueur avec le martiniste synarchique Victor Blanchard (1884-1955). Le 6 août 1933, Victor Blanchard déclarait, en qualité de

---

Dans la Lumière de la vérité, les Éditions Françaises du Graal, 1978.
[97] Dans *Le Voile d'Isis*.
[98] Christian Bernadac, *op. cit.*, p. 269-270, se réfère à l'ouvrage de Pascal Ory, *Les Collaborateurs*, Seuil, 1977.

Président, le dit groupe au bureau des associations de la Préfecture de Police de Paris. Mais il semblerait que cette officialisation, probablement préméditée par le déclarant, servait avant tout ses ambitions personnelles car, dès le 14 août 1934 à Bruxelles, il pouvait espérer, en tant que représentant du rosicrucianisme de l'Orient, être élu Imperator dans le premier convent de la Fédération Universelle des Ordres et Sociétés Initiatiques, communément désignée par le sigle FUDOSI. Victor Blanchard fut, non sans surprise, élu, sous le *nomen* de Sâr Yésir, Imperator pour l'Orient, tout comme le fut l'influent Harvey Spencer Lewis *alias* Sâr Alden, Imperator pour le continent américain et Emile Dantinne *alias* Sâr Hiéronymus, Imperator pour l'Europe, complétant le Suprême Triangle de la dite Fédération. Mieux même, dans les locaux des Polaires, eut lieu, sous la présidence de Victor Blanchard, les 28 et 29 août 1937, le troisième Convent SECRET international de la FUDOSI [99]. Toutefois, des problèmes internes surgirent au sein des Polaires, et Blanchard de son côté semblait plutôt préoccupé à cumuler ou récupérer des nouvelles patentes ou des titres. Apparemment, ce ne fut pas chose facile pour Blanchard qui, par souci de « reconnaissance », n'eut d'autre recours que de s'autoconsacrer, le 14 juillet 1938, Grand-Maître Universel de la Rose-Croix. Ce qui lui valut un radical évincement lors du quatrième convent de la FUDOSI tenu en septembre 1939 à Bruxelles [100].

Quant à « La Fraternité des Polaires », certains de ses membres en quittèrent la mouvance, à l'image de Maurice Magre, auteur en 1935 sous le pseudonyme de René Thimmy d'un ouvrage sur *La Magie à Paris* (en référence

---

[99] Serge Caillet in *Sâr Héironymus et la Fudosi*, p. 23, Cariscript, Paris, 1986

[100] Son attitude fut unanimement condamnée par le quatrième convent (sept. 1939) de la FUDOSI. A la suite de ce quiproquo, Augustin Chaboseau devint le troisième imperator. *Op.cit.*, p. 79.

aux Polaires). René Odin en devint en 1938 le nouveau chef. Ils privilégièrent à partir de cette date le caractère adogmatique de leurs associations. Ils avaient de moins en moins recours à l'Oracle de Force Astrale, simplifièrent leurs cérémonies, prêchèrent à l'exemple de Mlle Fernande Guignard la bonne parole christique d'amour et de fraternité afin que la femme puisse, dans « L'Ere du Verseau », accomplir la tâche de Salut universel [101]. L'association finalement ne survivra pas et disparaîtra de la scène ésotérique parisienne à la veille de la Seconde Guerre mondiale. Pour clore ce rapide survol de la Fraternité des Polaires, une petite digression sur le thème du Verseau (idée qui vient d'Amérique). Un thème cher à Mlle Fernande Guignard, qui fut en l'année 1937 au cœur des débats dans les mouvements astrologiques et ésotériques français. Ce mouvement était imputable à Paul Le Cour (1871-1954), auteur en 1937 d'un premier ouvrage en France sur *L'Ere du Verseau, le secret du zodiaque et le proche avenir de l'humanité* [102], et fondateur onze ans plus tôt du groupe « Les Amis d'Atlantis » et de la revue *Atlantis*, un bulletin consacré à la tradition atlantéenne, à l'hermétisme chrétien et à la thématique de l'Ere du Verseau. Paul Le Cour y introduisit une forme de messianisme en annonçant le retour du Christ-Roi (thème déjà utilisé au courant du siècle précédent).

Otto Rahn

L'énigmatique Otto Rahn, au parcours troublant, est rejeté de nos jours sans équivoque pour avoir publié en 1937 un ouvrage, *La cour de Lucifer*, profondément et

---

[101] Pierre Geyraud, *op. cit.*, p. 65.
[102] Jacques Halbron in *La vie astrologique, années trente – cinquante de Maurice Privat à Dom Néroman*, voir le petit chapitre consacré à Paul Le Cour et l'Ere du Verseau pp. 68-74, Editions La Grande Conjonction, Guy Trédaniel Editeur, Paris, 1993.

radicalement raciste et surtout pour avoir été un officier SS. Selon Anne Brenon [103], il aurait été probablement supprimé vers 1940 par ses maîtres pour n'avoir pas su prouver sa filiation aryenne (sa mère aurait été d'ascendance juive). Paul-Alexis Ladame, qui avait connu Otto Rahn, modérait ces critiques et certifia qu'il était certes nazi, mais pour les mêmes raisons que François Mitterand fut pétainiste : « pour manger ». Il s'est inscrit au Parti en 1934 et s'est suicidé en 1939 [104]. Sur ce sujet sulfureux, on pourra se reporter à l'ouvrage bien documenté du journaliste Christian Bernadac, *Le Mystère Otto Rahn, du catharisme au nazisme* (1978) qui, cela dit en passant, ne croyait nullement, selon les versions différentes de certains auteurs, à la mort accidentelle d'Otto Rahn, à son suicide en Endura à la « manière » cathare et à son exécution [105]. Quoiqu'il en soit, retenons l'implication certaine et indiscutable d'Otto Rahn dans l'histoire moderne du catharisme et du Graal, encore fort dérangeante pour certains (on peut le comprendre) puisque son nom fut volontairement négligé dans quelques pourtant intéressantes et récentes biographies, en particulier sur la vie de Maurice Magre et de Déodat Roché.

---

[103] *Le Dico cathare*, p. 176.
[104] « La Croisade Albigeoise n'est-elle donc pas finie ? » de Paul-Alexis Ladame in *Cahiers d'Etudes Cathares*, p. 62, hiver 1995, 3ème série n° 148.
[105] Selon Christian Bernadac, *op.cit.*, Otto Rahn ne fut pas exécuté et part du principe que si le chef d'état-major d'Himmler avait annoncé sa mort, c'était pour que ce dernier puisse réapparaître sous une autre identité, répondant au nom de Rudolf Rahn. Ceci étant dit, les deux photos de Rudolf Rahn reproduites dans l'ouvrage de Bernadac sont loin d'être convaincantes ; sans pour autant exceller sur l'art de la physiognomonie, le faciès de Rudolf Rahn ne correspond pas à celui d'Otto Rahn. D'ailleurs les deux photos ne figureront plus dans son second ouvrage (version corrigée et augmentée).

Loin de nous étendre sur la biographie d'Otto Rahn, né à Michelstadt dans la Hesse le 18 février 1904, et sur ses nombreuses incursions, à partir de 1930, à Montségur [106] - d'ailleurs sur ce terrain l'ouvrage de Christian Bernadac demeure par ses nombreuses lettres inédites encore une solide référence - notons que sa passion sur le catharisme et surtout sur le Saint Graal fut imputable à l'ariégeois Antonin Gadal d'Ussat-les-Bains, comme l'avoua plus tard Otto Rahn :

« Si Gadal ne m'avait pas donné à lire *Sur le chemin du Saint Graal*, je me serais contenté de poursuivre ma thèse sur les troubadours [107] ».

Bien sûr, Otto Rahn eut d'autres guides dans ce dédale fantastique du Sarbathès, tels Maurice Magre et le rénovateur des études cathares en Occitanie, Déodat Roché :

« Il y a longtemps que j'ai connu Otto Rahn. J'ai trouvé en lui un chercheur enthousiaste du Graal dont il attribuait, d'ailleurs avec raison, la connaissance aux cathares. Il recherchait avec Gadal les vestiges de la présence cathare. Sauf les quelques erreurs historiques qu'il a commises, je pense qu'il était de bonne foi [108] ».

Déodat Roché, comme le disait à juste raison Christian Bernadac, n'avait cependant pratiquement jamais évoqué dans ses publications les livres d'Otto Rahn, ni même son patronyme. D'ailleurs, à la sortie en librairie du livre

---

[106] Gheusi s'enthousiasma de la nouvelle et écrivit dans l'*Intransigeant* : « Et c'est peut-être Otto Rahn qui retrouvera le squelette de Parsifal, emmuré vivant dans l'avant-mur du donjon de Carcassonne... ». Bernadac, *op. cit.*, p. 231.
[107] Manuscrit d'Antonin Gadal rédigé en 1929-1930. Bernadac, *op. cit.*, p. 76.
[108] Lettre inédite du 31 août 1974. Christian Bernadac, p. 47.

d'Otto Rahn *La Croisade contre le Graal (Grandeur et chute des Albigeois)*, dont la traduction française d'un universitaire de Bordeaux, Robert Pitrou, eut beaucoup de succès dans le Midi [109], le prudent philosophe d'Arques restait très sceptique sur le contenu en réfutant catégoriquement ses quelques allégations :

« Ceci, pourra avoir quelque importance pour la réfutation des exagérations d'Otto Rahn sur le château du Graal à Montségur. S'il y avait eu en effet un centre du Graal établi depuis des siècles à Montségur, on devrait trouver sinon des traces certaines d'un temple, du moins la présence certaine des chefs d'un mouvement spirituel ou ceux de l'église cathare de Montségur, dès les origines… Les affirmations du très érudit allemand Otto Rahn y sont reproduites et particulièrement le récit d'un berger de la montagne du Tabe sur Esclarmonde ; or Otto Rahn lui même, m'a dit qu'il tenait ce récit de la comtesse Pujol-Murat. Vous avez signalé quelques autres fantaisies d'Otto Rahn, que pensez-vous de cette légende d'Esclarmonde, et le berger qui l'aurait racontée existe-t-il ? Une Esclarmonde qui s'envole vers l'Himalaya me paraît être une fantaisie des Polaires [110] ».

En fait le livre d'Otto Rahn s'appuyait sur les conjectures de Nicolas Peyrat, sur l'étude de *Parsifal* de l'auteur médiéval allemand Wolfram von Eschenbach et bien entendu sur Joséphin Péladan qui, comme nous le savons, fut fortement subjugué par les œuvres wagnériennes. Richard Wagner (1813-1883) qui apporta au sein de sa narration mélodique le Graal et le Chevalier blanc dans les montagnes septentrionales de l'Espagne Wisigothe, puis Gheusi et ensuite Péladan qui plaçait le burg de Parsifal ou Parzival et de Lohengrin dans la région pyrénéenne et liait

---

[109] Ouvragé édité chez Stock, s. d. (1934).
[110] Christian Bernadac, p. 47.

l'âme albigeoise à l'âme de Parsifal, ou encore Eugène Aroux qui amalgama la pensée de Dante, la Chevalerie (qu'il appelle Massenie du Saint-Graal) et les Cathares ; des thèses captivantes et séduisantes pour la pensée nationale-socialiste allemande et qui conduisit Otto Rahn au porte de l'état major privé du Reichsfürer, le SS Heinrich Himmler.

A l'image de Déodat Roché, Maurice Magre, l'hérésiarque des polaires, ne se montrera pas plus tendre envers l'ouvrage d'Otto Rahn ; pire que cela ! Il le traitera avec condescendance et mépris [111].

---

[111] Annotation de bas de page de Maurice Magre in *La Clef des choses cachées*.

Chapitre IV

Le Lectorium Rosicrucianum
ou la Rose-Croix d'Or de Haarlem
Antonin Gadal
La fin d'une mode
Décès de Déodat Roché et de René Nelli

Le Lectorium Rosicrucianum et Antonin Gadal

Cette société d'origine hollandaise professait un dualisme absolu et son approche de nature épistémologique se rapprochait ou se calquait sur la forme d'une gnose, d'un manichéisme [112]. Elle allait, non sans surprise, tenter avec succès de se relier dans les années 1950 au mouvement néo-cathare du Languedoc.

Le mystique chrétien Paul Sédir, qui avait consacré en 1910 un ouvrage sur *Les Rose-Croix*, fut probablement le premier en France à mentionner, certes de façon très succincte, l'existence de ce mouvement :

---

[112] Notons que le mouvement hollandais porta, vers 1920, le nom de « Ordre des Manichéens », puis de « Aquarius Bond », en référence probablement à la future ère du Verseau.

« En Hollande fonctionne le Lectorium Rosicrucianum, organe d'édition de la Septuple Fraternité Mondiale de la Rose-Croix, dirigée par J. Van Rijckenborgh [113] ».

Aujourd'hui nous en savons beaucoup plus sur ce mouvement chrétien gnostique (moderne) appelé communément « La Rose-Croix d'Or de Hollande ou de Haarlem », expression du « Lectorium Rosicrucianum ». Cet ordre - qui ne peut être confondu avec une société hermétique germanique du dix-huitième siècle, la Rose-Croix d'Or puis la Rose-Croix d'Or d'ancien système - fut fondé en 1904, selon Massimo Introvigne [114], à Haarlem, ville résidentielle des Pays-Bas située à l'ouest d'Amsterdam. Son fondateur qui aurait été membre de la *Rosicrucian Fellowship* de Max Heindel (1865-1919) *alias* Carl Louis von Grassof, répondait du nom de Jan van Rijckenborgh *alias* Jan Leene, dit John Twine (1896-1968). Avec l'aide de Catharose de Petri *alias* H. Stock-Huyser, avec qui il se lia, le Lectorium se répandit un peu partout dans le monde, principalement en Europe, aux Etats-Unis, en Amérique du Sud et en Australie.

En 1956, date à laquelle le « Camp d'été de l'Estagnol » de Déodat Roché situé dans la haute forêt d'Arques prenait naissance, sorte de retraite spirituelle portée sur la méditation des textes anthroposophiques, manichéens, évangéliques, et la pratique du végétarisme, le Lectorium recruta l'un des éminents spécialistes du catharisme en terre ariégeoise, Antonin Gadal (1877-1962), conservateur des grottes d'Ussat et directeur de l'établissement thermal. Le Lectorium s'installa tout bonnement à Ussat-les-Bains,

---

[113] Sédir in *Les Rose-Croix*, p. 78, Bibliothèque des « Amitiés Spirituelles », Paris, 1964. L'édition originale portait le titre de *Histoire des Rose-Croix*, Librairie du XX ème siècle, Paris, 1910.
[114] Massimo Introvigne in *La Magie*, p. 144, Références Droguet & Ardant, Paris, 1993.

près de la station thermale qui est au cœur d'une haute vallée de l'Ariège et qui occupe l'emplacement d'un ancien lac naturel dont les eaux creusèrent, au flanc des Pyrénées, les grottes-églises du Sabarthès. Fort de ces acquisitions et de leur attachement à la tradition cathare, le Lectorium, qui était alors propriétaire des grottes (la grotte de Lombrives était leur Bethléem) dans lesquelles les cathares auraient célébré leurs cultes, pouvait désormais prétendre, par une théorie filiative, procéder de leur origine.

Le Lectorium affirmait *grosso modo* que des groupes cathares centrés sur les gorges du Sabarthès se réfugièrent, après le drame de Montségur, dans les grottes d'Ussat et immigrèrent ensuite en Allemagne et en Hollande, au début du XIVe siècle. Parmi les descendants de ces fugitifs, le Lectorium cite un personnage qui fut initié à la Gnose et à la philosophie arabe en Palestine et au Maghreb, répondant du nom de Christian Rosenkreutz, figure probablement mythique du rosicrucianisme du XVIIe siècle et largement revendiquée et exploitée (c'est classique !) par les différents mouvements Rose-Croix modernes. Si Christian Rosencreutz ou Christian Rose-Croix (admirez le clin d'œil symbolique) est probablement fictif [115], d'ailleurs bien des mythes et des légendes se sont depuis forgés autour de ce Rosencreutz, reconnaissons néanmoins que le troisième Manifeste intitulé Les *Noces Chymiques de Christian Rosencreutz* suscita un retentissement considérable et avait de quoi soulever des interrogations.

En fait la paternité de ces textes symboliques et alchimiques en reviendrait, la critique historique l'admet unanimement, à Johann Valentin Andreae (1586-1654).

---

[115] Certains par erreur font un amalgame très regrettable avec Christian Knorr von Rosenroth (1636-1689), éminent auteur de *Kabbala Denudata* (Sulzbaci, 1677-1684, 2 vol.).

Mais il est certain que c'est dans l'Empire des Habsbourg que la Rose-Croix apparut pour la première fois, donc quatre ans avant la guerre de Trente ans (1618-1648), et c'est à Kassel que furent publiés les premiers Manifestes, dont les titres ont été abrégés en *Fama* (1614) et *Confessio* (1615), ainsi que *Les Noces Chymiques de C. R.* publiés à Strasbourg en 1616. Hormis ce qu'on peut lire dans ces notoires Manifestes, dont *La Fama* qui fut signée par un certain Adam Haselmayer (1560-16 ?), on ne connaît avec précision les origines filiatives de cet Ordre ou de ce « Collège Invisible », par le fait de son émergence située dans une époque où les affres de la chasse aux sorcières étaient encore courantes. Frances Amélia Yates, l'éminente et contemporaine historienne de l'hermétisme de la Renaissance, admet l'antériorité du mouvement rosicrucien germanique - sans pour autant exclure l'influence d'un Pic de la Mirandole (1463-1494), d'un Marsile Ficin (1433-1499), d'un Cornelius Agrippa (1486-1535) ou d'un Paracelse (1493-1541), pour ne citer qu'eux - à une figure rosicrucienne majeure de l'époque élisabéthaine, le mage et le polymathe accompli John Dee (1527-1608). Ce dernier fut l'auteur bien connu, avec la fructueuse collaboration d'Edward Kelly (1555-1595), de la *Monade hiéroglyphique* [116]. Il est vrai que des magiciens dans l'Angleterre du XVIe siècle étudiaient la « Kabbale chrétienne » de Pic de la Mirandole et les « néo-platoniciens » de Florence.

Quoiqu'il en soit, recentrons-nous sur l'objet de ce chapitre et relevons que le Lectorium par la voie classique des prospectus, se faisait connaître comme étant, selon leur « Déclaration » :

---

[116] Frances Yates s'appuie notamment sur les voyages de John Dee en Allemagne en 1589. Voir ses fascinantes études *La Lumière des Roses-Croix*, Editions Retz, Paris, 1985, ainsi que *La Philosophie Occulte à l'époque élisabéthaine*, Dervy-Livres, 1987.

« La communauté religieuse du Lectorium Rosicrucianum a pour but la restauration et la revitalisation de l'originel *triple temple de Dieu*, qui existait dans la préhistoire de l'homme et qui se manifestait à toute l'humanité pour la servir. Ce triple temple donnait à l'humanité la *Religion* royale et sacerdotale originelle, la *Science* originelle et l'*Art de la Construction* originel... »

« Le Lectorium Rosicrucianum apporte à l'humanité premièrement une communauté d'âmes en quête, celles qui désirent s'orienter vers la Doctrine Universelle originelle... Derrière cette communauté d'avant-cour, deuxièmement, l'Ecole des Mystères du Lectorium Rosicrucianum qui accepte tous ceux ayant pris la décision de réellement marcher sur la voie de la libération de la roue de la naissance et de la mort... »

« Troisièmement, derrière cette Ecole de Mystères il y a la Communauté des degrés Intérieurs. La Chaîne Universelle de toutes fraternités gnostiques précédentes qui accepte tous pèlerins en route vers une vie libératrice et les accueille dans le royaume de l'immortalité et de la résurrection [117] ».

En résumé, la philosophie du Lectorium essentiellement gnostique dans sa *praxis* ne résidait pas dans la lutte pour améliorer un monde absurde, mais dans la recherche du moyen d'y échapper [118]. Le Lectorium se voulait prophétique, comme le fut d'autres écoles de pensées, et annonçait dans sa dialectique ontologique fondée sur des différentes spéculations astrologiques et numérologiques

---

[117] Christopher McIntosh in *La Rose-Croix dévoilée*, p. 191, Dervy Livres, Paris, 1981.
[118] Au contraire d'une forme d'hermétisme qui, comme on le sait, œuvre pour une amélioration de la matière.

(et nous ne savons quoi encore !) la fin du monde en 2001 par la bataille d'Harmaguédon [119].

Comme nous le savons, le Lectorium connut, sous la direction de Catharose de Petri, un certain engouement dans les années soixante dix. Des cours ésotériques par correspondance eurent de nombreux souscripteurs et des restaurants végétariens « Aquarius » faisaient même leur apparition dans certaines grandes villes. Des centres de rencontres et de retraites spirituelles internationales existaient en Suisse, à Caux près de Montreux, à l'image d'Ussat-les-Bains, un lieu de pèlerinage incontournable pour les membres des autres pays où ils pouvaient découvrir un monument portant l'inscription gravée sur une plaque de marbre et datée du 5 mai 1957 : « La Triple Alliance de la Lumière – Graal, cathares, croix au roses ». Quant à Antonin Gadal, il conféra - son ouvrage édité par le Lectorium *Sur le chemin du Saint-Graal* le confirme - la dignité de Grand-Maître à M. J. van Rijckenborgh et celle d'Archidiaconesse à Madame Catharose de Petri. En retour, le premier rassembleur du néo-albigéisme en terre ariégeoise, qui par ailleurs semble avoir été oublié par les pourfendeurs de l'ésotérisme [120], reçut dans les publications rosicruciennes des appellations diverses de « Frère Bien Aimé », de « Vieux Serviteur de la Fraternité Précédente », de « Gardien des Antiques Sanctuaires d'Ussat-Ornolac », de « Fidèle et Inlassable Divulgateur

---

[119] Terme également utilisé par les Témoins de Jéhovah qui préconisèrent, il y a quelques décennies, la date de 1975 (prophétie qui fut ensuite modifiée selon …). Bien entendu, d'autres écoles millénaristes, en dehors du Lectorium, prédisaient également pour la fin du deuxième millénaire un scénario catastrophe. Sur ces airs de Millénarisme voir l'utile ouvrage de Massimo Introvigné, *Les Veilleurs de l'Apocalypse*, Claire Vigne éditrice, 1996.
[120] Entre autres, les *Cahiers de Fanjeaux* numéro 14, *op.cit.,* qui ne mentionnent pas une seule fois son nom, au contraire d'un Déodat Roché, d'un Doinel, d'un Péladan, etc…

des Mystères Cathares », de « Maître du Graal », de « Cher Patriarche »[121].

De nos jours le Lectorium a perdu beaucoup (en tout cas en France) de son influence, au profit peut-être de son concurrent l'AMORC. À Ussat-les-Bains, le centre moderne du Lectorium faisait déjà faillite avant 1980 : « Les bâtiments ont été vendus à la B. N. P. qui a transformé la salle de conférences et de prières en réfectoire pour colonies de vacances... Le monument Galaad, pour ne pas être souillé par les jeux et les rires des enfants de la B. N. P. a été déplacé du centre de la cour vers la bordure et entouré d'une grille en fer forgé [122] ».

Par ailleurs, quelques groupuscules firent dans les années 1980-1990 leur apparition, comme l'illustre un ouvrage émané du Collectif Néo-Cathare de France, de Roger Constant et Michel Fidelein, dans lequel est exposé un syncrétisme issu essentiellement du catharisme, du manichéisme, du gnosticisme, de la franc-maçonnerie, avec pour projet de fonder une société idéale et une reconstruction d'un nouveau Montségur [123]. Mentionnons aussi le discret « Cercle Cathare et Gnostique » dirigé à Béziers par Jacques Pioch et une association des « Chevaliers de la Flamme Cathare », fondée en 1984, afin de ranimer la culture méridionale et participer au renouveau de l'esprit. Bien que cette association se réclame de la pensée de Déodat Roché, selon Jean-Pierre Bayard, son activité principale se veut davantage portée sur le folklore [124].

---

[121] Antonin Gadal *Sur le chemin du Saint-Graal*, Haarlem, Rozekruis-Pers, 1960. Ouvrage qui connut plusieurs rééditions.
[122] Bernadac, *op. cit.*, p. 267.
[123] Suzanne Nelli, pp. 176-177.
[124] Jean-Pierre Bayard in *Le guide des Sociétés Secrètes*, pp. 124-126, Philippe Lebaud Editeur, 1989.

Les divulgateurs de masse. La fin d'une mode

Dans le domaine de la publication, la thématique du catharisme ou du néo-catharisme perdait à partir des années quatre-vingt de son entrain. Il est vrai que des abondantes publications connurent entre les années cinquante et quatre-vingt une réussite certaine ; à l'image de l'anglaise Hannah Closs qui présentait au début de la deuxième moitié du XXe siècle le catharisme comme une quête de la connaissance, et sa trilogie romanesque sur le Languedoc se répandait dans tous les pays anglo-saxons et fut même commentée à l'Institut indien de Bengalore [125]. Denis Saurat, né en 1890 à Toulouse, auteur oublié de nos jours mais bien connu à partir des années soixante pour avoir publié dans une édition de poche (Editions J'ai Lu) à grand tirage et sous la collection de « L'Aventure mystérieuse » *L'Atlantide et le règne des géants* et *La religion des géants*, recevait en vieil occitan des poèmes dictés par ses ancêtres ariégeois, les cathares. Ces singuliers messages « extra sensoriels » qui ont retenu pour un temps l'attention de la parapsychologie furent, sous forme de recueils, publiés et firent même sensation dans le monde des lettres, *Encaminament catar* (Acheminement cathare) et la *Caçaire* (le Chasseur). *La Nouvelle Revue Française* en avait donné aussi quelques extraits [126]. L'angliciste Denis Saurat, qui fut probablement marqué par cette expérience publia, dans le cadre du « Paranormal », une étude conduisant à établir la réalité de la survie après la mort, *L'Expérience de l'au-delà* [127]. Gérard de Sède consacra également un ouvrage sur le *Trésor des Cathares* et plancha, en s'inspirant de Péladan et d'Eugène Aroux, sur le secret crypto-cathare

---

[125] Son héros, Loup de Foix, recherchait la connaissance et la libération. René Nelli in *Les Cathares*, p. 198.
[126] *Op. cit.,* p. 204.
[127] Ouvrage publié aux Editions La Colombe.

des Troubadours et de leur langage poétique codé, le *Trobar Clus* (Trouver Clos) [128].

Quelques auteurs peu sérieux dans leurs études sur le catharisme et l'ésotérisme, nous en conviendrons, privilégièrent le filon du merveilleux et du sensationnel, tels : Zoé Oldenbourg ; le romancier albigeois Pierre Benoît (1886-1962) [129]; Marc Augier *alias* Saint-Loup ; André Nataf ; Jean-Michel Angebert ; ou encore l'ouvrage à grand succès, *Le Matin des Magiciens* de Louis Pauwels et cosigné aussi par Jacques Bergier.... Les mass média, les journaux, tels la *Dépêche du Midi* qui publiait le 26 mai 1978 un article d'un correspondant particulier de Foix : « On vole les pierres du château de Montségur [130] ». Ajouter à cela la récupération politique du catharisme dans le cadre des élections, notamment en 1972 et 1975 [131].

Avant de délaisser cette flopée disparate et sans consistance du marketing ésotérico-cathariste, signalons néanmoins que dans cette période vulgarisatrice des émissions de bonnes tenues existaient à « Radio France-Culture », notamment sur le catharisme, l'hermétisme et le gnosticisme ; citons les causeries de René Nelli sur « le catharisme », de René Alleau sur « l'alchimie », du philosophe toulousain et gnostique Raymond Abellio (1907-1986) sur « l'arbre séphirotique à la structure absolue », du poète mystique et astrologue Jean Carteret (1906-1980) sur « la transparence », etc... [132].

---

[128] Voir la troisième partie de l'ouvrage, titre modifié pour des raisons commerciales *Le sang des cathares*, pp. 157-241, Mondes Mystérieux, Presses-Pocket, Plon, 1978.
[129] Ouvrage intitulé *Montsalvat* et dédié à Jean Cocteau.
[130] *Les Cahiers de Fanjeaux*, p. 367.
[131] *Op. cit.*
[132] Raymond Abellio in *De la Politique à la Gnose*, Belfond, 1987.

Les décès de Déodat Roché et de René Nelli

Le 12 janvier 1978, le centenaire Déodat Roché décédait dans sa maison d'Arques. Anne Brenon qui semble-t-il respectait tout de même le personnage, en dépit de son verdict très tranchant et sans appel concernant l'ésotérisme ou le néo-catharisme, soulignait quelques années plus tard : « Déodat Roché ne disposait pas des documents que nous avons aujourd'hui... Il demeure aussi, et sa démarche en témoigne, largement dépendant du contexte de son époque [133] ».

Pour la première remarque, soit ! Quoique les édifiants articles contenus dans les *Cahiers d'Etudes Cathares*, revue dirigée après le décès de Déodat Roché par Lucienne Jullien, puis Olivier Cébe, dénonçaient parfois les postulats arbitraires et partiaux de Mme Brenon sur les cathares et les troubadours [134]. Mais avouons, en aparté, qu'une question de fond se pose tout de même sur la deuxième observation d'Anne Brenon. Qu'aurait répondu de son vivant le « Quêteur de l'Absolu » ? Probablement rien. Déodat Roché aurait fait alors preuve de compassion.

Quant à René Nelli, après avoir délaissé dans les années soixante Déodat Roché, il espérait ou projetait de fonder un centre de recherche scientifique pour étudier le catharisme authentique, et qui disposerait d'une bibliothèque, d'un fonds de documents et d'une revue :

« Dans le but de libérer le catharisme de toutes les confusions, des fausses identifications dont il a été victime depuis le XIXe siècle, et non seulement du syncrétisme qui a amalgamé le catharisme avec les doctrines plus ou

---

[133] *Pyrénées cathares*, été 2004, p. 90.
[134] Voir *Notes de lectures* d'Olivier Cébe in *Cahiers d'Etudes Cathares* n° 148, p. 59-60, hiver 1995.

moins ésotériques anciennes et modernes, mais aussi du scientisme étroit de certains hérésiologues. Et bien entendu de toutes les spéculations nationalistes occitanes [135] ».

En août 1972 Nelli décida, avec une autorité locale du Languedoc-Roussillon, de mettre sur pied son projet, mais faute de crédits le Centre ne pu voir le jour. En décembre 1981, René Nelli pu enfin participer à la fondation du Centre, avec le soutien du conseil général de l'Aude. Il décéda trois mois plus tard et sera, le 10 mars 1982, incinéré à Carcassonne. L'année d'après, le Centre National d'Etudes Cathares établi à Villegly, près de Carcassonne, aura pour nouveau nom : « Centre René-Nelli ».

---

[135] Suzanne Nelli, *op. cit.*, p. 256.

Chapitre V

Les Wisigoths dans le sud-ouest
Trésor pyrénéen
Rennes-le-Château et
l'étrange découverte de l'abbé Saunière
Gérard de Sède et Pierre Plantard
La déferlante Da Vinci Code

Obscurs et imprécis apparaissent les temps où la Gaule devint France, le pays des Francs (« Frekkr » : hardi, vaillant). Des tribus germaniques, à l'origine, s'implantèrent le long de la frontière rhénane de l'Empire romain. Une cohabitation fort difficile bascula finalement en 406-407 et une gigantesque migration de peuples s'ensuivit et se fixa désormais dans la terre des Gaules. Les Francs s'établirent aux nord, les Wisigoths et leur roi Alaric 1er au sud, les Burgondes sur les rives de la Saône et du Rhône.

Les Wisigoths installés comme fédérés dans le sud-ouest de la Gaule furent, avec l'appui de l'Eglise, chassés par Clovis. Le huitième roi wisigoth, Alaric II, fils du roi Euric de Toulouse, fut en 507 tué au combat par Clovis, à Vouillé, près de Poitiers. Les Francs s'emparèrent de Toulouse mais les Wisigoths transférèrent leur capitale de la Septimanie (le Languedoc méditerranéen) à l'Espagne, notamment à Mérida et Tolède. Sans nous étendre sur ces histoires de trésors ou ces légendes qui se sont tissées au fil du temps, mentionnons l'énorme butin enlevé par Alaric I à Rome, parmi lequel figuraient des objets sacrés du Temple de Jérusalem, et dont une partie sombra dans le naufrage de la flotte d'Alaric I survenu en 410. Il est vrai que si l'on réfère au témoignage de l'historien juif et pro romain Flavius Josèphe (né à Jérusalem en 37 après J.-C.), cette histoire de trésor biblique aurait un fondement puisque l'empereur romain Vespasien Titus Flavius avait fait, en 70 après J.-C., main basse sur le trésor du Temple de Jérusalem. Avant de fermer la parenthèse sur cette lointaine époque trésoraire, signalons qu'un mystérieux trésor ancien, sorte de patrimoine wisigothique à caractère sacré et magique, le « Missorium », aurait été déposé à Carcassonne puis transféré au cours des VIe et VIIe siècles à Séville et Tolède.

Que n'a-t-on pas raconté et brodé aussi, à travers légendes et multiples histoires, sur le trésor des Templiers. Le Haut Razès, autour de Rennes-le-Château, est terre bénie pour les chasseurs de trésors. A l'origine, il y eut peut-être le souvenir d'une exploitation aurifère, près de Rennes-le-Château :

« En 1156, l'Ordre du Temple élit un nouveau Grand Maître : Bertrand de Blanchefort. C'est alors que les Templiers du Razès, par l'entremise de ceux de Rhénanie, font venir d'Allemagne une colonie de travailleurs qu'ils installèrent sur le plateau du Lauzet, entre Blanchefort et Rennes, pour exploiter la mine d'or de Blanchefort [136] ».

Mais encore ! Outre le trésor de Dagobert, le trésor royal déposé à Rennes-le-Château par la régente du royaume de France, Blanche de Castille, ou bien le trésor des

---

[136] Simon Jean in *Les Templiers des Pays d'Oc et du Roussillon*, p. 392, Editions Loubatières, 2003. Bertrand de Blanquefort fut le septième Grand-Maître, de 1156 au 2 janvier 1169, date de son décès.

Wisigoths dans lequel figurerait pour certains auteurs le fameux « Chandelier d'Or du Temple de Salomon », ils viennent y chercher le Graal. D'ailleurs, on parla même aux XIXe et XXe siècles d'un Graal pyrénéen wisigothique, à l'image, entre autres, de Madame Coincy Saint-Palais (décédée vers 1980) qui affirmait que le trésor cathare contenait la coupe de Joseph d'Arimathie et qu'il fut apporté de Rome par les Wisigoths [137]. Un autre cas de figure, rapporté par *La Provence* du 24 décembre 2004, signalait, dans un article intitulé *Un Avignonnais sur les traces du secret du Graal*, que Robert Tiers, autodidacte passionné de peinture, avait percé le mystère d'un tableau de Nicolas Poussin, qu'il avait acheté en 1975. Robert Tiers concluait après vingt ans de recherches que : « Nicolas Poussin a montré que le Graal, au sens des écrits du Christ, se trouve dans la cité ancienne du versant nord de Rennes-le-Château... [138] ».

Les quelques étranges découvertes de l'abbé Bérenger Saunière, un jour de l'année 1887, d'un magot et de parchemins mérovingiens, que ce soit sous une dalle située devant l'autel, dans un balustre de bois ou à l'intérieur des piliers sculptés de croix et d'hiéroglyphes du maître-autel wisigothique de son église Sainte-Marie Madeleine de Rennes-le-Château, ravivèrent une nouvelle fois et de façon durable le mythe trésoraire pyrénéen. Depuis, beaucoup a été dit ou écrit sur l'épopée saunièrienne et l'histoire de Rennes-le-Château. En fait foi le très utile ouvrage de Pierre Jarnac, *Bibliographie de Rennes-le-Château*, qui a recensé dans la période couvrant l'année 1956 à 2002 pas moins de 370 ouvrages, avec en prime ses quelques précieux petits commentaires, piquants ou drôles parfois. Il est vrai que devant l'étendue de cette singulière

---

[137] Coincy Saint-Palais in *Esclarmonde Princesse cathare*, référence citée par Bernadac.
[138] *Pégase* numéro 10, janvier/mars 2005.

littérature, les extrapolations des plus fantaisistes de certains auteurs peuvent faire sourire. Mais se risquer dans ce labyrinthe incertain, c'est s'exposer invariablement aux coups de butoirs des irréductibles rationalistes. Si Gérard de Sède demeure le promoteur de l'affaire de Rennes-le-Château, l'érudit historien et conservateur de la Bibliothèque Municipale de Carcassonne, René Descadeillas (1909-1986), en fut le revers de la médaille, personnage qui se distinguera par sa franche et farouche opposition aux tenants de la « légende » de Rennes-le-Château.

Ainsi, c'est seulement à partir de 1967 que cette histoire, encore non élucidée de nos jours, se popularisa et que Rennes-le-Château devint par l'intermédiaire de Gérard de Sède un lieu de visite obligé. Devant l'ampleur de cette phénoménologie audoise, le futur Président de la République, François Mitterrand (1916-1996), perplexe et fasciné devant l'énigme de Bérenger Saunière et du trésor de Rennes-le-Château, avait même tenu à visiter, en mars 1981, le domaine insolite de l'abbé.

Gérard de Sède

A tout seigneur tout honneur pour celui qui su avec talent livrer au regard scrutateur et à la délectation des milliers de lecteurs l'attrait du mystère, en dépit de ses nombreuses approximations hasardeuses sur l'historicité de l'occultisme des XIXe et XXe siècles. Décédé le samedi 29 mai 2004, ce littérateur en clair-obscur fut à sa façon le premier à promouvoir avec succès l'affaire audoise de Rennes-le-Château. Gérard Marie de Sède de Lièoux, communément nommé Gérard de Sède, était journaliste de son état et agriculteur ensuite. Il était né à Paris le 5 juin 1921, d'une famille gasconne apparentée au pape Clément V, personnage rendu tristement célèbre pour avoir ratifié de mauvais gré l'odieuse condamnation de Philippe le Bel, celle qui détruisit l'Ordre du Temple et fit en 1314 brûler sur le bûcher de l'île aux Juifs son dernier Grand-Maître, Jacques de Molay.

Il est vrai que le démon taquin de la curiosité l'aiguilla un jour dans le monde de l'insolite. Histoire d'une destinée, celui d'un parcours peut-être irréversible qui le conduisit à la notoriété en le poussant à écrire, dans un premier temps, son *best seller* intitulé *Les Templiers sont parmi nous* (1962) avec son histoire d'un fabuleux trésor des Templiers enfoui dans une crypte secrète du château de Gisors. Puis, surtout, son fameux grand classique sur le comté du Razès, un coin sauvage des Corbières où se situe précisément le village haut lieu en couleurs de Rennes-le-Château, un endroit mystérieux du midi languedocien qui défraya durant des années la chronique et alimenta une incroyable et surabondante littérature : *L'Or de Rennes ou la vie insolite de Bérenger Saunière, curé de Rennes-le-Château*, paru chez Julliard (1967) et réédité l'année suivante dans la collection « J'ai Lu », sous un titre modifié *Le trésor maudit de Rennes-le-Château*.

Ce fut, comme nous le savons, un réel succès, imputable toutefois en partie à son informateur, Pierre Plantard. De nos jours, personne n'ignore que ce dernier avait en 1956, à Annemasse-sous-Cassan, fait officiellement déclarer sous le régime de la loi de 1901 son Prieuré de Sion, et qu'il construisit de toute pièce sa pseudo royale ascendance mérovingienne (avec les falsifications d'un Philippe de Cherisey) en se déclarant être un descendant direct et légitime de la lignée de Sigebert IV, fils de Dagobert II et roi d'Austrasie. Dans cette affabulation outrecuidante, il s'auto-anoblit par l'ajout d'un Saint-Clair à son patronyme : Pierre Plantard de Saint-Clair.

Néanmoins, en 1988, une troisième parution de Gérard de Sède vit le jour, mais sous un titre encore modifié, *Rennes-le-Château, Le dossier, les impostures, les phantasmes, les hypothèses*. Gérard de Sède relança ainsi son enquête pour, comme le suggère le sous-titre, dénoncer et fustiger les imposteurs ou les mythomanes.

« Il est vrai que la « colline envoûtée », que mieux vaudrait appeler envoûtante, jouit d'une situation géographique exceptionnelle. De son sommet, l'on peut contempler, selon que l'on se tourne vers le sud ou vers le nord, la vallée creusée par le cours, ici torrentiel de l'Aude et celle où serpentent la Sals et le Réalsès, les ruines du château de Coustaussa, qui fut cathare, et celles du château du Bézu, qui fut wisigoth puis templier ; au-delà se dresse la muraille mauve et crénelée des Corbières culminant au pic de Bugarach, qui doit son nom aux Bulgares venus prêcher le néomanichéisme dans cette région. Mais ce n'est point ce belvédère, aussi riche d'histoire que de sauvage beauté, qui attire le visiteur venant pour la première fois en ce lieu : il ne le découvre, avec ravissement, qu'une fois parvenu sur place. Son nom actuel, Rennes-le-Château, le doit avant tout à la singulière aventure de celui qui fut jadis son curé : Bérenger Saunière... Pour avoir le premier levé le lièvre, il m'est arrivé par moments de me sentir responsable, bien malgré moi, de cette ruée vers Rennes-le-Château où se bousculent pêle-mêle les amoureux de l'insolite, les chercheurs de trésors, les mystiques, les imposteurs et les mythomanes. Sentiment d'autant plus déplaisant que, journaliste de profession, je me suis toujours efforcé de mener mes enquêtes avec rigueur [139] ».

Parmi les quelques apocryphes sur Rennes-le-Château dénoncés par Gérard de Sède, relevons principalement dans la deuxième partie du dit ouvrage, intitulée

---

[139] Gérard de Sède in *Rennes-le-Château, le dossier, les impostures, les phantasmes, les hypothèses*, p. 11-12, Robert Laffont, Paris, 1988.

« Impostures et phantasmes », les quelques lignes consacrées à Pierre Plantard de Saint-Clair et dans une moindre mesure sur le faussaire, le marquis de Philippe de Cherisey (1925 ?-1985), ainsi qu'à leur association, dite « Prieuré de Sion » :

« Ni dans le mensuel *Vaincre pour une jeune chevalerie* ni dans les deux moutures successives de *Circuit* – celle de 1956 et celle 1959 – il n'était question de Rennes-le-Château. Le premier des apocryphes signé Lobineau porte bien la date de 1956, mais il été antidaté pour les besoins de la cause et n'est apparu à la Bibliothèque Nationale qu'en 1964. C'est seulement cette année là que le mythe historico-généalogique ayant pour théâtre Rennes-le-Château prit son envol. Comme l'écrit un critique britannique réputé pour son sérieux et fort bien informé, M. Paul Smith : « C'est cette année là qu'on a brodé autour du mystère de Rennes-le-Château la mythologie du Prieuré de Sion ». Depuis lors, une bonne vingtaine de mystagogues qu'il serait fastidieux d'énumérer, a ajouté chacun son trait d'aiguille à la broderie, constituant peu à peu une sorte de Vulgate [140] ».

Allons au-delà de la diatribe au vitriol de Gérard de Sède et de son antagonisme personnel avec Plantard, Cherisey, Jean-Luc Chaumeil ou encore Henry Lincoln *alias* Henri Soskin (pour ne citer qu'eux), tout en signalant cependant qu'il fut autrefois promoteur de leur vocation, comme l'écrivait à juste raison Pierre Jarnac [141]. D'ailleurs, en 1992, Patrick Ferté, dans ses probantes analyses sur le génial machiavélisme plantardiste, mettait un point final à cette imposture [142]. Cela étant dit, reconnaissons tout de même que sans Pierre Plantard *alias* Chyren (1920-2000),

---

[140] Gérard de Sède, *op. cit.*, p. 134.
[141] *Bibliographie de Rennes-le-Château*, p. 153.
[142] Patrick Ferté in *Arsène Lupin supérieur inconnu, La clé de l'œuvre codée de Maurice Leblanc*, Guy Trédaniel Editeur, 1992.

Gérard de Sède n'aurait jamais connu la notoriété, tout comme le village de Rennes-le-Château. D'ailleurs, je relèverai que tout ce petit monde de dupes, après avoir bien profité du filon plantardiste, continue de nos jours à matraquer et à tout bout de champs leur inspirateur.

Une petite digression sur le successeur prétendu, autoproclamé ou avoué de Pierre Plantard, Monsieur Gino Sandri, (probablement le seul qui lui resta fidèle) pour signaler qu'il donna en juillet 2003, dans un numéro spécial consacré à Rennes-le-Château, un interview dans le « Site Thot-Arcadia » expliquant que le « Prieuré de Sion » voulait à l'époque focaliser l'attention de certains à Rennes-le-Château afin de pouvoir œuvrer ailleurs en toute sérénité ; ce qui, peut-être, pourrait en faire sourire plus d'un.

Da Vinci Code

Quoiqu'il en soit des tonitruantes affirmations de Gino Sandri [143], relevons qu'en 2004 un ouvrage intitulé *Da Vinci Code* allait bousculer par la teneur de son histoire politico-religieuse le monde littéraire. Ainsi, près de quinze millions de lecteurs dans le monde et un million en Hexagone (à ce jour) se passionnèrent pour ce triller fort bien construit. Dan Brown, l'auteur américain, dévoila sur fond d'Opus Dei et de complots vaticanesques, la véritable histoire de Jésus et de Marie-Madeleine. Comme l'on pouvait s'y attendre, la réaction ne se fit point attendre. La journaliste Marie-France Etchegoin, peut-être en verve de scoop, exploita le prometteur filon et se fit rapidement un

---

[143] On relèvera également un autre interview sur le Site « Rennes-le-Château, Le Dossier ». Les questions de Jean-Patrick Pourtal et les réponses de Gino Sandri, qui n'engagent que lui précisait Monsieur Pourtal, méritent le coup d'œil. Toutefois, outre le Prieuré de Sion, reconnaissons que lorsque Plantard avait lancé l'affaire de Rennes-le-Château, beaucoup y trouvèrent à l'époque leur compte.

point d'honneur de faire paraître pour la première fois dans *Le Nouvel Observateur* de septembre 2004 son *Enquête sur les sources de Da Vinci Code*, avec pour sous-titre (c'est classique depuis des années !) *Franc-Maçonnerie, extrême droite, ésotérisme*. Tout en désapprouvant *in toto* les dérives malsaines de certains groupuscules, il nous semble qu'un amalgame insidieux se fige dans l'air du temps, puisque parler de nos jours de gnosticisme, d'ésotérisme et surtout de chevalerie relèveraient de la gageure. Reproduisons à l'intention des quelques dénigreurs de sorcières ou de sectes les excellentes conclusions extraites des *Cahiers d'Etudes Cathares* :

« L'émergence de nouveaux mouvements religieux souligne combien innombrables sont ceux, qui, insatisfaits de la société moderne matérialiste [144], se trouvent devant un vide, mais restent souvent désireux d'une justice absolue. Pour répondre à leurs attentes apparaissent des organisations rapidement mises à l'index dans une société qui ne peut survivre que **par une normalisation amplement relayée par des médias sans conscience**, devenus colporteurs des rumeurs les plus saugrenues : sans vérifier convenablement leurs sources, ils rejettent les groupes minoritaires dans une marginalité qui les réduits au silence forcé et brisent pêle-mêle individus, carrières ou familles ».

« **S'il est des dérives dangereuses à sanctionner fermement**, la circonspection devrait pourtant être de rigueur. Or, ces derniers temps, on ne se soucie guère des origines anti-démocratiques qui sous-tendent ces actions et qui, **s'appuyant sur les principes républicains, en**

---

[144] Dans *Le Nouvel Observateur* du 2 au 8 décembre 2004, du numéro 2091, à la page 26, Frédéric Lenoir considère bien entendu cette forme de marginalité comme dangereuse. Il condamne les sectes et pense que toutes sont guettés par des dérives irrationnelles graves.

abusent et les sapent. Tant qu'ils se tiennent dans le respect des Droits de l'Homme et des Lois de l'Etat, les participants à ces renouveaux religieux témoignent, quoi qu'on en dise, d'une quête toute individuelle de la Vérité qui semble bien aussi voltairienne, respectable et généralement plus riche que la « spiritualité par procuration » de la masse dont l'instinct religieux étouffé et grégaire se contente du dogme des autres, pris comme certitudes personnelles ».

« En fait, il manque désormais à notre société une agora spirituelle **où ne serait plus appelé « secte » tout ce qui ne se réfère pas à une orthodoxie.** Rappelons d'ailleurs que **ce qualificatif n'est devenu péjoratif que récemment** : dans l'Antiquité (qui nous a donné nos plus belles notions d'humanisme), ce terme désignait aussi bien les écoles épicurienne, platonicienne qu'aristotélicienne. **Aussi, plutôt que de renouer avec la condamnation systématique et insidieuse, justifiée par la recherche de légitimités et leur accréditation par les pouvoirs publics, serait-il préférable de s'efforcer à devenir humains et écouter les différences** [145] ».

Revenons derechef sur ce dossier, sans surprise pour les initiés, mais édifiant pour un public non averti, qui visa particulièrement Pierre Plantard, l'inspirateur indirect du roman de Dan Brown. Marie-France Etchegoin en oublia même les règles d'une élémentaire décence et se livra, sans égards pour les proches et les enfants de Pierre Plantard, à la pure diffamation. La bouillante journaliste remettra cela en publiant deux mois plus tard (admirez la rapidité d'exécution du livre !) *Code Da Vinci : L'enquête*

---

[145] Voir dans sa totalité l'excellent article de Patrick Texier intitulé *Conclusion*, pp. 28-32, dans les *Cahiers d'Etudes Cathares*, 3ème série, numéro 148, hiver 1995.

[146], avec en fin d'ouvrage une liste de remerciements, pour peut-être donner plus de corps à son enquête, aux personnes qui ont apporté leurs témoignages. Citons notamment Jean-Luc Chaumeil, celui qui naguère se mettait, pour reprendre l'expression de Patrick Ferté : « à genoux devant son roi de droit divin, qu'aujourd'hui il voue aux gémonies » [147]. En aparté, je dois avouer, outre les quelques noms familiers cités par la journaliste (dont on peut par ailleurs se poser des questions sur leurs réelles compétences dans l'étude, entre autres, de l'affaire de Rennes-le-Château), que je fus fort amusé de trouver le patronyme de notre ami Pierre Barrucand *alias* Pierre Victor, personnage très sympathique et qui, dans les années 1950, s'était spécialisé dans l'histoire de la magie anglaise [148].

Passons outre ce lynchage « plantardiste » à la sauce incertaine et douteuse, en espérant un jour, par souci

---

[146] Avec Frédéric Lenoir et édité chez Robert Laffont. Signalons que Frédéric Lenoir est l'auteur, dans *Le Nouvel Observateur* du 2 au 8 décembre, d'un article sans originalité, écrit pour peut-être les masses non pensantes, « Le grand retour de l'Esotérisme ». Encore une nouvelle fois, l'ésotérisme est pris à parti ; et Blavatsky, Eliphas Levi et Steiner sont montrés du doigt (on connait depuis des lustres cette forme de conspiration !). Mais bon, l'auteur est philosophe et sociologue des religions, docteur de l'Ecole des Hautes Etudes en Sciences Sociales, et Directeur du *Monde des Religions* .....alors...

[147] Voir *Le Trésor du Triangle d'Or* de Jean-Luc Chaumeil, Editions Alain Lefeuvre, 1979. Notons par ailleurs et pour information que le juge d'instruction Luc Fontaine, en charge du dossier de l'Ordre du Temple Solaire, commanda à Jean-Luc Chaumeil un rapport, par ordonnance du 19 juin 1997, dix-huit mois après la tragédie du Vercors. Pierre Jarnac, *op. cit.*, p. 132.

[148] Pierre Barrucand *alias* Pierre Victor nous gratifia en 1996 d'un bon article « Aleister Crowley et sa Magie » (article qui avait vu le jour en 1957 dans l'excellente revue de Robert Amadou : *La Tour Saint-Jacques*) et d'un interview dans notre naguère revue, *Le Nouvel Eon*. Cf., interview de Pierre Victor par D. D. et Frédéric MacParty in *Le Nouvel Eon*, revue d'illuminisme scientifique, volume 1, numéro 1, pp. 23-69, janvier 1996.

d'historicité réelle, que ce dossier soit repris avec d'autres éléments plus substantiels[149]. Quoiqu'il en soit de cette médiatisation, à la radio et dans certaines chaînes de télévision (avec bien entendu la présence de la journaliste, probablement ravie de sa nouvelle notoriété [150]), notons tout de même que cette histoire de Prieuré de Sion, si gentiment évoquée par ce journalisme à sensation, n'avait en fait qu'une existence relative, mais demeurait suffisamment persuasive puisque, dans les années 1980, le Prieuré de Sion fut, avec la complicité de Pierre Plantard de Saint-Clair, l'objet d'une toilette tapageuse par le trio anglo-saxon, Richard Leigh, Henri Lincoln et Michael Baigent, auteurs comme nous le savons de *L'Enigme sacrée* (janvier 1983), un ouvrage qui sera en majeure partie utilisé par Dan Brown. En définitive, c'est beaucoup de bruit pour rien ! Du vent ! ! ! Après tout laissons, pour reprendre l'expression de Fulcanelli (*alias* Jean-Julien Champagne pour Paul Le Cour) [151], les ânes braire et

---

[149] Le chercheur Laurent « Octonovo » prépare une recherche fouillée sur le sujet qui sera publiée en 2006 aux Editions de l'œil du Sphinx.

[150] Un certain soir du 26 décembre 2004, sur fond de balade dans un petit train illuminé circulant dans les rues de Paris. Par ailleurs, les initiés de l'affaire furent fort amusés de voir l'étonnement de Frédéric Lenoir en train de constater à la B. N. que le dossier Henri Lobineau n'était pas des parchemins. Quelle découverte ! ! ! Pas pour les spécialistes et les nombreux lecteurs sur Rennes-le-Château (beaucoup d'auteurs ont depuis de longues années déjà planché sur cet apocryphe).

[151] Sur l'identité de Fulcanelli (Champagne), voir la lettre inédite de Paul Le Cour (20 mars 1927) contenue dans l'excellent ouvrage de François Beauvy *Philéas Lebesgue et ses correspondants en France et dans le monde*, Awen, octobre 2004, page 155. A la lecture de la correspondance de Paul Le Cour, « Canseliet et Champagne ont construit un personnage sans état civil et connu d'eux seuls : Fulcanelli. Il n'est pas meilleur moyen, pour un alchimiste, que de créer un mystère pour mieux passer à la postérité auprès des adeptes », *op. cit.*, p. 171. Parmi les nombreuses biographies consacrées à l'identité de Fulcanelli, relevons celle qui se rapproche plus des faits, en l'occurrence l'ouvrage de Geneviève Dubois qui associe Fulcanelli

porter leurs reliques et remarquons au passage le coup de génie commercial de l'éditrice de la journaliste, Isabelle Laffont, qui, en s'appropriant les droits de la déferlante *Da Vinci Code*, a réalisé en France le plus gros coup éditorial de ce début de siècle [152].

Un dernier mot sur l'article de l'auteur (nous tiendrons compte du noviciat de la journaliste dans l'affaire de Rennes-le-Château) qui signale en se référant à Jean-Jacques Bedu [153] que l'abbé Saunière s'enrichit par des trafics de messe ; ce qui aurait fort bien plu à Mgr Paul-Félix Beuvain de Beauséjour qui, en 1909, s'offusqua du fastueux train de vie du curé de Rennes-le-Château et l'accusa sans succès devant l'Officialité ou le tribunal ecclésiastique du diocèse de « trafic de messes ». Débouté par les hautes instances ecclésiastiques et dépité par cet échec, l'évêque de Carcassonne avouera finalement à l'un de ses confrères, Mgr de Cabrières, « qu'il fallait bien trouver quelque chose pour le faire condamner ». D'ailleurs l'abbé Saunière écrivit dans son « Mémoire » :

« Je réponds qu'il faut être fou pour oser s'arrêter à cette idée là. Comment ! Où aurais-je donc pu trouver les 140 ou 150 mille francs de messes pour solder ce que coûtent (sic) tous ces travaux réunis et dans ce chiffre je n'y compte pas, bien entendu, tous les travaux de fouilles et de manœuvre, etc.... que j'ai fait moi-même – oui, il faut être toqué de prétendre cela... [154] ».

à Jean-Julien Champagne (1877-1932), auteur aux éditions Dervy de *Fulcanelli dévoilé* (1992).
[152] *Le Parisien* du 3 mars 2005, p. 29.
[153] Voir l'excellente et incontournable conclusion de Pierre Jarnac sur l'ouvrage de l'auteur précité in *Bibliographie de Rennes-le-Château*, p. 60.
[154] En raison de 1 franc ou 1,50 en moyenne la messe. Pour la citation voir le classique ouvrage bien connu et d'un grand intérêt pour les documents reproduits en fac-similé qui y abondent : Claire Corbu et Antoine Captier in *L'Héritage de l'Abbé Saunière*, pp. 185-86,

Le curé aux milliards

Revenons sur l'abbé Saunière, né à Montazels (Aude) le 11 avril 1852. Ordonné en 1879 vicaire à Alet puis au Clat, il est affecté au séminaire de Narbonne. Le 1er juin 1885, il est nommé par Mgr Billard à la cure de Rennes-le-Château où, comme nous le savons, il fait dans son église Marie-Madeleine une découverte capitale. Naguère désargenté et même endetté, le voici mystérieusement riche. Sa désormais nouvelle vie de sybarite s'étale au grand jour. Dès 1897, le prêtre fait remanier et embellir somptueusement son église, emploie des maçons au crépissage des murs du cimetière et à la construction du Calvaire. Après réception de caisses de socles, de statues ou statuettes, envoyées par le sculpteur toulousain M. Giscard, dont un curieux et saisissant diable sculpté ployant sous le poids du bénitier, tout était prêt pour recevoir dignement Mgr Billard qui, visiblement satisfait de sa visite, reprendra le chemin de son diocèse.

Dans le cadre de ses dépenses importantes, l'abbé Saunière se fait acquéreur des terrains voisins et fait construire en mai 1901, par l'intermédiaire d'un entrepreneur de Luc-sur-Aude, Elie Bot, une demeure cossue, la villa Béthanie. Le curé de Rennes orne aussi à grands frais une tour d'angle néo-gothique, à deux étages, carrée, crénelée, surmontée d'une échauguette et d'un belvédère, « la Tour Magdala ». Saunière dépensa sans compter et ses devis de plus en plus extravagants dépassaient largement les deux milliards de centimes. Quelques jours avant son décès, survenu le 22 janvier 1917, le curé avait même signé un devis pharamineux pour

---

Bélisane, mai 1995. Notons qu'un certain Octonovo planche sur les comptes de l'abbé Saunière. Nous attendrons avec impatience le résultat de ses recherches.

une future « tour bibliothèque de soixante-dix mètres de haut »[155]. C'est dire !

Mais d'où vient ce soudain enrichissement de l'abbé Saunière ? En dépit des nombreuses hypothèses soulevées, le mystère est entaché de bien des obscurités et reste encore de nos jours entier. En fait, la question de fond que l'on pourrait soulever est de savoir si l'opulente vie de l'abbé Saunière est imputable à sa ou ses plusieurs découvertes. Aucune certitude à ce jour ! Certains avancent pourtant que le frère du curé, l'abbé Alfred Saunière (1855-1905), précepteur attitré, naguère, de la maison des Chefdebien de Zagarriga, à Narbonne, pourrait avoir troqué ou commercialisé par le biais d'une filière occulte les trouvailles trésoraires du Razès de son frère ; mais que sait-on des réelles découvertes de Bérenger Saunière ? Outre des manuscrits (on y reviendra), le curé aurait trouvé sous une lourde dalle, dite « dalle des chevaliers », d'époque mérovingienne ou carolingienne, un petit magot de monnaies anciennes (contesté par certains) et par ailleurs des pièces d'argent ou d'or du XVIe ou XVIIe siècle. Certains avancent aussi que la découverte de l'abbé Saunière fut lié à un dépôt effectué par l'abbé Antoine Bigou (curé de Rennes de 1774 à 1790) qui utilisa une cache pour y mettre en sécurité les biens de l'église dont il était le dépositaire, ainsi que des valeurs en monnaie ou bijou que lui auraient confiées des familles de nobles, comme par exemple, Elisabeth d'Hautpoul, plus connue à l'époque sous l'appellation de « Mademoiselle de Rennes », qui quitta le château en 1789 [156].

Quoiqu'il en soit de ses trouvailles (les témoignages et les écrits divergent trop et demandent encore vérifications), on n'en sait pas plus ; d'ailleurs Bérenger Saunière se

---

[155] Cet élément n'a jamais été prouvé et fait vraisemblablement partie de la légende (NDE).
[156] Claire Corbu et Antoine Captier, *op. cit.*, p. 269.

serait gardé, sans nul doute, d'ébruiter ses découvertes. De toutes façons, il nous semble à l'heure actuelle difficile d'accréditer aveuglément la thèse majeure de l'opulente bibliographie consacrée à l'affaire de Rennes-le-Château, celle qui voudrait que Bérenger Saunière ait réellement mis la main sur un fabuleux et inestimable trésor. Loin de nous d'avoir l'idée préconçue de virer dans l'ultra-scepticisme, mais avouons que les nombreuses supputations des uns et des autres, pour certaines aussi attrayantes soient-elles, ne nous permettent pas à défaut de preuves patentes d'en tirer de solides conclusions. Il est à noter tout de même la remarque des auteurs, Claire Corbu et son époux Antoine Captier, qui signalèrent que Saunière traversait quand même des difficultés financières et conclurent par déduction que le curé aux milliards ne disposait pas d'autant de monceaux d'or [157].

A partir de l'histoire mystérieuse de ce petit coin perdu des Corbières et de son représentant ecclésiastique, l'abbé Bérenger Saunière, se développe un mythe extraordinaire qui agglutine de mille feux : le Grand Monarque ; les Habsbourg ; la famille Hautpoul très férue d'ésotérisme et de maçonnerie ; les Rose-Croix ; les Cathares ; les Wisigoths ; les Mérovingiens et leurs successeurs dynastiques les Carolingiens ; apocryphes ou théologiens de marge qui annoncent que le Christ n'est pas mort sur la croix et s'est marié avec Marie-Madeleine avec laquelle il a eu une descendance ; ésotéristes ; hermétistes, gnostiques ; sociétés secrètes (Franc-Maçonnerie, Société Angélique, Prieuré de Sion (pour ne citer qu'eux) ; ufologues affirmant la présence dans la région du Haut-Razès d'OVNIS [158] ; littérateurs émérites à la façon d'un

---

[157] *Op. cit.*, p. 277.
[158] Je me souviens (au tout début des années 1990) d'une visite guidée à Rennes-le-Château dans laquelle un brave et accueillant personnage du lieu théorisait avec verve sur les OVNIS et Bugarach. Il s'agissait du regretté Henri Buthion, né en 1924 et décédé à Lorient dans la nuit

Maurice Leblanc ou d'un Jules Verne (1828-1905) dont certaines œuvres seraient truffées d'éléments sur le secret de Rennes-le-Château [159] ; symbolistes qui s'évertuent à voir dans la belle décoration de l'église de Rennes-le-Château un livre codé ; cryptographes tirant arguments de la toponymie, des pierres levées, des symboles gravés ; sans compter les *aficionados* de Nostradamus de Carcassonne (par ses aïeux paternels) et de ses *Centuries* aux 969 quatrains en vers ; et d'autres encore qui planchent sur la dalle tombale de la Dame de Blanchefort de Rennes-le-Château ou sur les « Bergers d'Arcadie » du fameux grand peintre français, mais romain d'adoption, Nicolas Poussin (1594-1665). On sait qu'il est l'auteur du tableau au décor supposé audois et assorti d'une célèbre inscription latine « *Et in Arcadia ego* » qui signifie : même en Arcadie je suis, c'est-à-dire, moi, la mort, je règne même sur l'Arcadie. On pourrait à loisir allonger la liste avec par exemple les adeptes d'une « Rose-Ligne » (ligne mythique du Méridien de Saint Sulpice dont le tracé passerait sur le peulvan de Peyrolles (dite pierre droite) situé à deux pas du tombeau des Bergers d'Arcadie, ainsi que des férus d'un certain type de configurations stellaires comme par exemple la Grande Ourse, ou des inconditionnels d'une certaine date fatidique comme le 17 janvier, et tout récemment sur un triangle sacré, Pilat, Bugarach, Dromon, ou encore sur Notre-Dame de Marceille, etc...

Les curés nantis

Dans ces étranges affaires d'argent, outre le mystérieux enrichissement de l'abbé Saunière, on s'interroge aussi sur

---

du 14 et 15 mars 2002, selon l'utile *Cahiers de Rennes-le-Château n°12* de Pierre Jarnac.
[159] On pense en particulier à Michel Lamy, auteur bien connu de *Jules Verne, initié et initiateur* (1984).

le cas de l'abbé Emile de Cayron (1807-1897), curé de Saint-Laurent-de-Montferrand :

« Son église, il en avait fait sa maison, il l'avait reconstruite à peu près tout entière dans de belles proportions gothiques, et, à part ce que lui donnait la famille de Raynes, on a jamais su d'où il a tiré les ressources pour combler les dépenses d'une aussi grosse réparation [160] ».

Et que dire de l'attitude de l'abbé Antoine Gelis qui se barricadait dans son presbytère ? Retrouvé, comme nous le savons tous, le crâne fracassé, gisant étendu au milieu de la pièce principale du presbytère, dans la nuit du 31 octobre au 1er novembre 1897 et dans des circonstances encore jamais élucidées, l'assassin qui aurait fureté minutieusement dans la maison dédaigna pourtant les milliers de francs de pièces d'or que contenaient certaines caches du lieu. En fait ou en théorie, le mobile de ce crime crapuleux pourrait être lié à des documents que le curé de Coustaussa possédait. Inutile de dire, pour l'heure [161], que nous en sommes aux supputations de certains auteurs qui voudraient que ces documents fussent liés au trésor de Rennes-le-Château. Quoiqu'il en soit, soulignons que Patrick Ferté avait relevé par les œuvres de Maurice Leblanc que l'abbé Gélis était détenteur d'un document trésoraire lié à Arques, petite bourgade située à 6 km de Coustaussa.

Notons par ailleurs une séduisante théorie (la première du genre !), celle qui fut récemment écrite par un autre passionné de l'affaire de Rennes-le-Château, un certain

---

[160] *La Semaine religieuse du Diocèse de Carcassonne*, 30ème année, n°2, 15-01-1897, p. 40. Source citée par Ferté, *op. cit.,* p. 51.
[161] Nous attendrons avec impatience le futur ouvrage de Pierre Jarnac sur l'abbé Gélis.
(*dossier publié en juin 2005, NDE*)

Franck Daffos, auteur d'un ouvrage mûrement réfléchi et qui sans doute mérite d'être lu :

« Il est évidemment impossible de savoir exactement ce qui s'est réellement passé lors de cette tragique soirée au presbytère de Coustaussa. Mais l'abbé Gélis, qui vivait quasiment reclus, aurait pu accepter cette nuit-là la visite de deux visiteurs connus : les frères Saunière. Le meurtre n'était certes pas prémédité, mais aurait pu être commis par Alfred, qui, tandis que son frère Bérenger s'entretenait face à Gélis assis, aurait contourné le fauteuil de sa victime, se serait saisi d'un tisonnier dans l'âtre, et dans une crise de démence aurait massacré le maître chanteur qui refusait d'entendre raison. Bérenger n'aurait alors été que le témoin incrédule et impuissant du drame ».

« Ainsi s'expliqueraient les quelques mots du curé de Rennes-le-Château retrouvés bien plus tard sur le brouillon de l'une de ses lettres, à savoir « qu'il payait les fautes de son frère l'abbé, mort trop tôt... » Alfred Saunière fut effectivement aussi un prêtre, chez les jésuites même, où son éloquence faisait merveille. Hélas son goût immodéré pour les femmes et surtout l'alcool fit de lui un défroqué avec compagne et enfant, parfois sujet à de sérieuses crises de violence. Un tel comportement l'aurait de nos jours mené aux portes de l'hôpital psychiatrique [162] ».

---

[162] Pour les autres révélations de l'auteur (notamment sur Notre-Dame de Marceille) qui ne manqueront pas dans le futur de susciter quelques commentaires, voir Franck Daffos in *Rennes-le-Château, le Secret Dérobé*, Les Editions de l'œil du Sphinx, préface de Pierre Jarnac, mai 2005. Pour la citation, *idem*, p. 58.

Chapitre VI

Mgr de Bonnechose et Mgr Billard
Franc-Maçonnerie languedocienne
Épiscopats de Rouen et de Carcassonne
L'abbé Boudet

Ne nous méprenons pas sur l'envoûtant ouvrage de Patrick Ferté. Sans assurément résoudre tout sur l'affaire de Rennes et de son insolite curé, l'auteur apporta néanmoins beaucoup par l'originalité de son investigation, celle de son décodage en filigrane des aventures d'Arsène Lupin. Que l'on adhère ou non à sa séduisante théorie, développée de fort belle manière par le jeu de la coïncidence et qui veut que le fondateur d'Arsène Lupin, Maurice Leblanc, fut initié aux secrets de Rennes-le-Château, reconnaissons que Patrick Ferté nous gratifia aussi sur Mgr de Bonnechose et son successeur Mgr Billard, protecteur présumé de l'abbé Saunière, de quelques utiles révélations ; entre autres que Mgr Billard fut le bras droit de Mgr de Bonnechose, et que ces deux évêques avaient occupé le diocèse de Carcassonne et de Rouen. Ce point commun ou ce jumelage Rouen-Carcassonne souligné par l'auteur fut son point d'ancrage, générateur, comme nous le savons, d'une cascade de coïncidences que des rapprochements, quoiqu'on en dise, interrogent. Mais pour démontrer ces singulières révélations, avouons qu'il n'était pas de moyen plus sûr que l'intervention de ce que nous devons nommer le

« fantastique », au grand dam peut-être de quelques historiens classiques et sceptiques. Peu importe ! Car ce terme prend tout son sens dans ce jeu de miroirs par lequel les époques s'envoient des échos par delà les siècles et les miles, et entre eux, se trouve un interstice, une faille où se profile des liens occultes et où se mêlent les traditions templières, rosicruciennes et maçonniques, dans l'histoire médiévale et dans les affaires de Rennes, de Gisors et de Stenay.

Henri de Bonnechose et Mgr Billard

Considéré à juste titre comme un personnage influent dans l'histoire du haut clergé français sous le Second Empire, Henri de Bonnechose fut nommé le 23 novembre 1847 à l'Evêché de Carcassonne, puis muté en fin d'année 1855 à l'Evêché d'Evreux, à son grand désarroi, lui qui aimait tant le Pays de Sault et les rives de Rébenty, selon son biographe Mgr François-Nicolas-Xavier-Louis Besson de Nîmes [163]. Archevêque de Rouen en 1858 jusqu'à son décès survenu en 1883, Mgr de Bonnechose fut aussi cardinal en 1863 et par ailleurs sénateur. Fin diplomate, Mgr Bonnechose fut un intermédiaire actif et écouté entre Napoléon III et le Pape, et joua un rôle déterminant dans les négociations pour le couronnement de Napoléon III.

Quant à Félix-Arsène Billard (1829-1901), il fut le 17 décembre 1853 ordonné prêtre à Rouen, puis nommé vicaire de Saint-Jacques-de-Dieppe, avant d'être muté en 1860 à Rouen comme vicaire, par l'influent Mgr de

---

[163] Mgr Besson, *Vie du Cardinal de Bonnechose*, Paris, Retaux-Bray, 1887. Fait signalé par Ferté qui releva par ses complaisantes coïncidences que ce Monseigneur était proche des Péladan. Toutefois, nous pouvons ajouter que la famille Péladan haïssait Mgr Besson. Voir pour de plus amples et croustillantes informations Christophe Beaufils in *Joséphin Péladan 1858-1918, essai sur une maladie du lyrisme*, pp., 20, 26, 34, 173, 339, 344, Jérôme Million, 1993.

101

Bonnechose. Sans nous étendre davantage sur le parcours ecclésiastique de Mgr Billard, le 17 février 1881, son protecteur Mgr de Bonnechose réussit sans aucune difficulté à le nominer au siège épiscopal de Carcassonne, naguère, faut-il le rappeler, son ancien diocèse.

Patrick Ferté, par son décryptage « lupinien », laisse entendre que Mgr de Bonnechose, héros trésoraire du roman *La Comtesse de Cagliostro* de Maurice Leblanc, était détenteur d'un secret fabuleux, celui d'un trésor immémorial qui s'accole au mythe et à l'histoire gothico-carcassonnaise (le chandelier à sept branches). Quoiqu'il en soit, l'intérêt porté par Mgr Bonnechose à l'histoire des mérovingiens (entre autres) ne se dément pas, puisque le gros et imposant ouvrage de l'archéologue rouennais, l'abbé Cochet (1812-1875), consacré à la découverte et à l'inventaire de la nécropole du père de Clovis et intitulé *Le Tombeau de Childéric 1er, roi des Francs, restitué à l'aide de l'archéologie et des découvertes récentes* (1859), parut tout simplement sous le patronage de Mgr de Bonnechose [164].

Il est vrai aussi que du vivant de Mgr de Bonnechose (1800-1883), une légende circulait dans la région de Coustaussa. Le château de Blanchefort, situé entre Rennes-le-Château et Rennes-les-Bains et qui surplombe le fameux tombeau d'Arcadie, renfermerait dans ses souterrains une partie du trésor des Wisigoths. Cette légende, rapportée par un collègue des abbés Breuil et Boudet à la Société des Etudes Scientifiques de l'Aude, à savoir l'historien audois du XIXe siècle Louis Fédié (1815-1899) [165], nous ramène donc au château, chez Dame

---

[164] Selon Mgr Besson, biographe de Mgr de Bonnechose, *op. citem*.
[165] Louis Fédié in *Le comté du Razès et le diocèse d'Alet* (1880), Carcassonne. Source utilisée et citée par Ferté, p. 81 et 503. Notons que l'ouvrage de Louis Fédié fut réédité en 1979 par le libraire et éditeur belge, M. Philippe Schrauben (19?-2004).

de Blanchefort, Marie de Nègre d'Ables, dernière seigneuresse de Rennes-le-Château depuis son mariage en 1732 avec François d'Hautpoul de Blanchefort (1689-1753), baron de Rennes. Quoiqu'il en soit de cette légende, fantaisiste pour Fédié, la narration nous conduit encore à la noblesse de l'époque, notamment chez la famille des Hautpoul. Une autre histoire faisait état d'un autre trésor, celui-ci concernant les templiers. Le couple Corbu-Captier émet du reste l'hypothèse (associée, entre autres possibilités, aux trouvailles de Saunière) que les seigneurs de Rennes étaient les dépositaires d'un dépôt d'or ou d'objet sacrés, mais qui ne leur appartenait pas. La famille des Voisins, les premiers seigneurs de Rennes, serait à l'origine de ce secret. Ils le transmirent aux Marquefave qui leur succédèrent, ces derniers le confiant à leur tour à la famille des Hautpoul-Aussillon. Les époux Corbu-Captier font état, sans nous en dire plus, de la disparition d'un testament de grande importance dans la famille des Hautpoul-Aussillon [166].

Dans cet inextricable enchevêtrement trésoraire, une certitude néanmoins s'impose dans l'histoire du Haut Razès et de l'antique Redhae ou Rennes-le-Château ; la présence incontestable des Wisigoths, des Mérovingiens, des Carolingiens, puis des Templiers avec leurs commanderies à Carcassonne et Douzens, ou leurs Seigneuries ou Coseigneuries à, entre autres, Espéraza, Campagne-sur-Aude, Le Bézu, selon le récent ouvrage de Jean Simon[167], ou encore Notre-Dame-de-Marceille que Jean Simon n'avait pas mentionné, au grand regret d'un spécialiste de la recherche templière, Georges Kiess [168].

---

[166] Corbu-Captier, *op. cit.*, pp. 277-278.
[167] *Les Templiers des Pays d'Oc et du Roussillon* de Simon Jean, Loubatières, mars 2003.
[168] *Actes du Colloque d'Etudes et de Recherches sur Rennes-le-Château 2003*, voir les causeries de Georges Kiess pp. 15-30, « Rennes-le-Château et les Templiers », OdS, Paris, 2003.

Revenons derechef sur Bérenger Saunière ou plus précisément portons notre attention sur une lettre écrite vers 1910 par l'un de ses proches amis (s'agit-il de l'abbé Grassaud, curé de Saint-Paul de Fenouillet ?), à une période durant laquelle le curé de Rennes était en butte avec Mgr de Beauséjour :

« Tu as eu de l'argent, il n'appartient à personne de percer le secret que tu gardes, tu l'a dépensé comme il t'a plu, cela ne regarde que toi. Personne ne réclamant, personne ne t'accusant de vol, ni d'escroquerie, ta conduite en cette affaire n'étant pas répréhensible, nul n'a le droit de t'incriminer, surtout des tiers, en l'espèce l'évêché. Si quelqu'un t'a donné de l'argent sous le secret naturel, tu es obligé de le garder, et rien, ne peut te délier de ce secret que la personne seule qui te l'a donné et même dans ce cas, tu dois voir si la révélation que l'on t'autoriserait ne te porterait pas un préjudice moral et dans ce cas tu devrais même te taire... [169] ».

Délaissons Saunière et son ineffable secret, partagé et gardé toute sa vie durant par sa dévouée servante Marie Dénarnaud, née en 1868 à Espéraza et décédée en janvier 1953.

Franc-maçonnerie occulte.

Revenons sur la période de la deuxième moitié du XVIIIe siècle, celle que couvraient la Stricte Observance Templière et son dérivé, depuis le Convent des Gaules à Lyon en 1778, le Rite Ecossais Rectifié. Au passage, une digression sur le Rite de Memphis pour signaler, selon la version la plus courante de son histoire, qu'il était rattaché par ses hauts grades au rite templier allemand et qu'il fut

---

[169] Nous ignorons qui fut cet ami intime de Saunière. Corbu-Captier, *op. cit.*, pp. 216-217.

fondé par Jacques-Etienne Marconnis de Nègre (1795-1868), personnage appartenant à la famille de Marie de Nègre, dernière seigneuresse de Rennes-le-Château et épouse de François d'Hautpoul. Ferté évidemment ne manqua pas de mentionner ce dernier, au même titre que le marquis François de Chefdebien d'Armissan (1753-1814), chevalier de Malte et propagandiste actif du Rite Primitif de Narbonne [170], un dignitaire également de la Stricte Observance Templière qui était, en tant que conseiller d'honneur du Directoire Ecossais Rectifié de Septimanie, présent au Convent de Wilhelmsbad. Selon Constant Chevillon (1880-1944), Grand-Maître de l'Ordre Martiniste et de l'Ordre de Memphis-Misraïm [171], le rite de Memphis fut une antique Maçonnerie, l'une des plus anciennes en Europe, et fut l'héritier ou, pour mieux dire, la synthèse de tous les Rites philosophiques, hermétiques et alchimistes qui s'épanouirent en Europe à partir de 1610. Un haut dignitaire de la maçonnerie, Henri Dubois, abondait aussi dans le sens de Chevillon et écrivait dans *La Chaîne d'Union* que :

« Venant d'Allemagne, des groupes de Rosicrucianisme Egyptien dans les enseignements secrets desquels Chefdebien puisa pour former son rite rénové avec ce qui restait du Rite Primitif de Narbonne... C'est ainsi que se constitua peu à peu une Maçonnerie très spéciale, de caractère égyptien et avec des prétentions à la régularité rosicrucienne [172] ».

---

[170] Ce rite fut organisé en 1759 par son père le vicomte de Chefdebien d'Aigrefeuille.
[171] Assassiné à Lyon le 25 mars 1944, par des miliciens à la solde des envahisseurs germaniques.
[172] Henri Dubois, décédé le 16 octobre 1975, dirigea en 1957 les Ordres français de Misraïm et de Memphis. *La Chaîne d'Union*, revue mensuelle de documentation et d'informations maçonniques, article de Henri Dubois *La Maçonnerie de Memphis*, pp. 478-481, n° 8, mai, 18ème année, 1956-1957.

Quelques réseaux occultes nous ramènent aussi chez Jules Doinel, qui le premier osa publier, sous le nom de Jean Kotska, le rituel des Chevaliers Bienfaisants de la Cité Sainte. Patrick Ferté releva par ailleurs que Gérard de Sède fit état d'une Loge du Rite Ecossais Rectifié, principalement à l'Orient de Limoux, sous l'appellation de « Les Enfants de la Gloire des Commandeurs du Temple » dont fut initié un certain Paul-Urbain, comte de Fleury, fils de Prosper de Fleury, marquis de Blanchefort, seigneur de Rennes-les-Bains. Le sceptique mais sincère Marc Rambiel dénia pourtant l'information en affirmant dans les *Cahiers de Rennes-le-Château* (n°9, 1989) qu'il n'y avait jamais eu dans la région audoise de loge du Rite Ecossais Rectifié et que cette loge de Limoux procédait en conséquence du Rite Français, sans aucun rapport, précisa-t-il, avec la maçonnerie ésotérique des loges rectifiés. Avalisons la dernière affirmation de Marc Rambiel, puisque le régime rectifié ne peut être en aucun cas assimilable au rite français, anciennement nommé rite écossais, puis rite moderne français qui avait été défini en 1786 par le Grand Orient de France. Néanmoins ! ! !

Loin de moi l'idée préconçue de mettre en porte-à-faux Marc Rambiel, qui à sa manière versa avec passion et générosité sa pièce dans le dossier de Rennes-le-Château. Je laisserai donc le soin aux éminents spécialistes des décryptages maçonnologiques de tirer au clair à quel rite se référait la Loge de Limoux. Il me semble, tout de même, que certains historiens de la Franc-Maçonnerie affirmaient que la Stricte Observance Templière, affectée ensuite dans l'Ordre des Chevaliers Bienfaisants de la Cité Sainte, possédait neuf provinces, dont trois en France : l'Occitanie, l'Auvergne et la Bourgogne. D'autre part précisons, selon le notoire Franc-Maçon et historien Marius Lepage (1902-1972), qu'il existait, après le Convent des Gaules et lors du Convent de Wilhelmsbad en

1782, une organisation très importante de Loges de Saint-Jean, de Loges de Saint-André et de Commanderies.

D'ailleurs il est à noter qu'il existait en 1773 à Carcassonne une loge, apparentée au moins par le nom à celle de Limoux, « Les Commandeurs du Temple » ou « La parfaite vérité des Commandeurs du Temple » dans laquelle furent initiés quelques membres du clergé, dont le prêtre Jean-Baptiste Jessort ou Jossot, député de l'Orient de Carcassonne. A ce propos, Paul Tirand signala dans son ouvrage, *Loges et Francs-Maçons audois* [173], que la Loge « Les Commandeurs du Temple » rendit le jour de la Saint-Jean, le 24 juin 1783, un hommage appuyé au physicien et philosophe Benjamin Franklin (1706-1790) et au prince de Russie Nicolas-Alexis de Galitzine (1733-18 ?), vénérable d'honneur de la loge et promoteur dans son vaste pays du Rite Ecossais Rectifié.

Mentionnons également que dans la longue et utile nomenclature ecclésiastique brossée par José A. Ferrer-Benimeli, *Les Archives secrètes du Vatican et de la Franc-Maçonnerie* (cité et référencé ici pour la première fois dans le dossier de Rennes-le-Château)[174], nous constatons qu'aucune loge des autres villes ou régions françaises ne portaient le titre distinctif de « Commandeur du Temple », mis à part l'Aude. Signalons pour être complet qu'il existait en 1784 à Carcassonne une loge appelée « Conseil des Elus », à laquelle participait un prêtre du nom de Klein, puis à Montolieu la loge « La Victoire » (1762) dirigée par l'abbé Jean Sicard.

Mais le plus surprenant dans tout cela c'est qu'il y avait dans l'Aude un Monseigneur, un aumônier du Roi, initié à

---

[173] *Op. cit.*, pp. 41-42.
[174] *Les Archives secrètes du Vatican et de la Franc-Maçonnerie, Histoire d'une condamnation pontificale* de José A. Ferrer-Benimeli, préface de Michel Riquet, s.j., Paris, Dervy-Livres, 1989.

Noailles au « Chapitre de l'Aménité » (1788), qui était né en 1743, à Rouen comme par hasard ! Et qui plus est, tenez vous bien était Vicaire Général du diocèse de Carcassonne, tout comme le fut quelques décennies plus tard Mgr de Bonnechose et son successeur Mgr Billard : il s'agissait de Fizellier de la Feuille, Louis, Jean [175].

L'épiscopat de Rouen et de Carcassonne

Bien entendu cette passerelle entre Haute-Normandie et Aude, signalée à plusieurs reprises dans l'ouvrage de Patrick Ferté, se réfère à toute une histoire. L'histoire de France, avec ses trésors et ses civilisations passées, une histoire lourdement marquée par l'empreinte des régions précitées. Le monde ecclésiastique était naturellement représentatif de ce phénomène, comme l'attestent les liens indiscutables et avérés qui unirent durant des siècles l'église de Carcassonne à celle de Rouen. En font foi *la Semaine Religieuse de Rouen* [176] et les divers noms de prélats qui y sont mentionnés, outre ceux de Mgr Fizellier de la Feuille et de Mgr Billard :

« Au XIIIe siècle, le Chapitre de Rouen donnait à Carcassonne un évêque dans la personne du chanoine Jean de Chévry ; en 1319, Guillaume de Flavacourt, chanoine et archidiacre du Petit-Caux ; en 1445, Jean d'Estampes, chanoine de Rouen, intendant et confesseur du duc de Berry, était appelé au même siège. Carcassonne nous a

---

[175] Voir aussi la revue *Pégase*, n°10, janvier/mars 2005, *Ecclésiastiques et Franc-Maçons dans le Razès*, pp. 7-10. Notons que le substantif de ce Monseigneur, avant l'article précité, était dans la nomenclature abondante de Rennes-le-Château totalement négligé, voire inconnu. Toutefois ce nom que j'avais retenu en lisant il y a quelques années l'ouvrage de Benimeli (et soufflé depuis l'année dernière à quelques amis) n'aurait pas échappé à la sagacité de Ferté s'il avait eu connaissance de l'ouvrage précité.
[176] Reproduite ensuite in *Semaine Religieuse de Carcasssonne*, n°14, 31-07-1881, p. 1029. Ferté, *op.cit.,* 529.

donné en retour plusieurs de nos plus glorieux archevêques : Guillaume de Flavacourt, qui revint dans sa chère Normandie comme métropolitain (1456) ; Pierre de la Montre, appelé du siège de Narbonne à celui de Rouen (1575) ; notre Georges d'Amboise, qui fut archevêque de Narbonne (1604) et dans ce siège notre éminent cardinal de Bonnechose [177] ».

Ajouter à cette liste de jumelage épiscopal le nom du prédécesseur de Fizellier de la Feuille, en l'occurrence Armand Bazin de Bezons (1730-1778) et celui de Charles de Bourbon (1523-1590), oncle d'Henri IV, évêque, entre autres, de Carcassonne et archevêque de Rouen (1550), puis cardinal avant d'être proclamé, sous le nom de Charles X, roi de France par la Ligue (1589) qui craignait de voir sur le trône le protestant Henri de Navarre.

Malgré cette accumulation de coïncidences fournie par Ferté - d'ailleurs l'auteur réitère dans ses connexions les Rose-Croix (nous allons bientôt y venir) - il n'est pas certain que cela soit suffisant pour éclaircir l'affaire Saunière, même si l'auteur s'est de surcroît sérieusement penché sur les liens de parentés (par cousinage aussi) de certaines prestigieuses familles audoises avec ceux qui ont joué un rôle prépondérant dans l'histoire de France, dans certaines sociétés secrètes ou initiatiques, voire même sur les mythes trésoraires qui se sont accumulés durant des siècles. Sans pour autant dénier les superpositions de l'auteur avec l'affaire audoise et sa masse abondante de documentation, dans laquelle Ferté se noie parfois [178], nous y gagnons certainement en originalité. Relevons pourtant, sans esprit de surenchère, certaines affirmations légères concernant les sociétés secrètes de la Belle-Epoque et les coïncidences parfois un peu limite que l'auteur croit

---

[177] *Idem.*

[178] Nous rejoignons dans ce sens la remarque de Pierre Jarnac, *op. cit.*, p. 67.

y voir avec certaines personnalités d'alors (nous pensons, en autres, à Georgette Leblanc, la duchesse de Pomar, Jules Bois, Saint-Yves d'Alveydre).

Néanmoins, le deuxième volume qui fut annoncé par Ferté dans son premier ouvrage (1992) nous empêche de porter un jugement définitif puisque le dit $2^{\text{ème}}$ volume devrait nous apporter davantage d'éléments dans le grouillement sulfureux des sectes de la fin du XIXe siècle, principalement sur Jules Doinel pour, disait Patrick Ferté, « abattre une dernière preuve, la plus belle de toutes peut-être et que je garde pour la bonne bouche »[179]. On relèvera, pour ce qui est de Jules Doinel, qu'il avait publié (fait bien connu) en 1898 un *Inventaire des titres du monastère royal de Notre-Dame de Prouille* et en 1902 des *Annales du Prieuré de Notre-Dame de Prouille*[180]. Mgr Billard décéda dans ce monastère dominicain qu'il affectionnait particulièrement, dans la commune de Fanjeaux, entre Carcassonne et Castelnaudary. On peut penser effectivement que Mgr Billard et Jules Doinel ont pu se rencontrer, mais de là à en dire plus est un pas que nous nous garderions de franchir (sous réserve d'éléments nouveaux).

L'abbé Boudet

L'arrière-petit-neveu de l'abbé Boudet, M. Jean-Claude Cathary, soulignait dans un numéro de *Pégase* de Pierre Jarnac :

« Sans l'affaire de Rennes-le-Château, il est probable que le souvenir de l'abbé Boudet se serait peu à peu estompé,

---

[179] Ferté, p. 294 et 481. Dans le cas d'une non-publication du tome II, on pourrait à bon droit penser que l'auteur n'avait pas la nourriture adéquate pour nourrir la bonne bouche.
[180] Jean Guiraud publia ensuite, en 1907, le *Cartulaire de Notre-Dame de Prouille*.

sinon dans la mémoire collective, au sein même de sa famille. Il n'en serait resté que quelques papiers épars et un livre qu'on aurait renoncé à lire depuis longtemps. Au contraire, les histoires que l'on raconte à son sujet depuis trente-cinq ans maintenant lui ont acquis une notoriété et en ont fait l'un des principaux protagonistes de cette saga à rebondissements [181] ».

Né à Quillan le 17 novembre 1837 [182] et décédé à Axat le 30 mars 1915, Jean-Jacques-Henri Boudet était vicaire à Durban en 1862, cure qui avait été tenue en 1855 par l'abbé Gélis, puis à Caunes-Minervois jusqu'en 1866 et à Festes-Saint-André jusqu'en 1872, date à laquelle il intégra la paroisse de Rennes-les-Bains pour y exercer durant quarante-deux ans son sacerdoce. Ami de Bérenger Saunière, l'abbé Henri Boudet se démarque néanmoins de son confrère par son austérité et son érudition. Auteur en 1886 de *La vraie langue celtique et le Cromleck de Rennes-les-Bains*, étude qui se veut dialectique et qui met en avant un particularisme analogique entre la langue anglaise et celle qui fut conservée par les « Tectosages » (tribu celtique qui peuplait le Languedoc d'alors), son livre fut l'objet, dans les années 1890, de vives critiques. On lui reprochait ses vagues et arbitraires étymologies et ses interprétations fantaisistes, ainsi que d'avoir puisé dans le livre de vulgarisation *L'Homme Primitif* de Louis Figuier (1819-1894). L'historien Gérard Galtier, dont nous connaissons d'ailleurs ses penchants linguistiques, affirme que l'ouvrage de l'abbé Boudet révèle une ignorance totale des règles élémentaires de la philologie du languedocien (que Boudet fait dériver du celtique ancien,

---

[181] *Pégase Le Chaînon manquant. Rennes-le-Château. Le Bulletin.* Voir le N°9 Octobre/Décembre 2003, pp. 11-14, « Le Secret de l'abbé Boudet à l'origine d'une énigme familiale » – *Axat 1915* - de Jean-Claude Cathary.
[182] Et non le 16, selon le rectificatif imparable de Franck Daffos, *op. cit.*, p. 45.

111

confondu pour les besoins de la cause avec l'anglais moderne). Il ajoute aussi :

« Nous ne pensons personnellement pas qu'il y ait quelque message caché à trouver dans l'œuvre de l'abbé Boudet. Ses écrits sont typiques des autodidactes qui se lancent dans l'origine du langage et rappellent la photographie comparée du Hiéron de Paray-le-Monial. L'abbé Boudet avait tout simplement constaté un fait exact : la similitude de certains termes occitans et anglais. Mais les mots en question remontent tous à une étymologie latine, qui ne doit rien au celtique ou au Tectosage. Par ailleurs l'abbé Boudet avait été influencé par l'intérêt pour la tradition celtique, très répandu à cette époque et que partageaient par exemple des organisations aussi différentes que la Société Archéologique du Midi et le Hiéron du Val d'Or [183] ».

D'autres au contraire prétendaient, tels Gérard de Sède, Pierre Plantard, Jacques Rivière et Jean-Luc Chaumeil [184], pour ne citer qu'eux, que le contenu de l'ouvrage relevait d'un système de codage dérivé de l'écrivain ecclésiastique Jonathan Swift (1667-1745), auteur bien connu des *Voyages de Gulliver* et d'un livre sur l'*Ars punica* (l'art punique). Une certitude néanmoins, les travaux de l'abbé Boudet font aujourd'hui le délice des inconditionnels de la cryptographie (nos amis britanniques ne sont pas à la traîne dans ce domaine) et d'une littérature qui se veut érudite et convaincante, même si parfois, pour ne pas dire souvent, les lecteurs n'en ressortent pour autant plus éclairés. Bien entendu beaucoup, à tort ou à raison, associent les travaux du curé de Rennes-les-Bains à

---

[183] G. Galtier, *op. cit.*, p. 274.
[184] Voir par exemple *L'Alphabet Solaire* (1985) de Chaumeil et Jacques Rivière. Un petit rappel pour signaler que la photo reproduite sur la couverture du dit ouvrage ne représente nullement Boudet. Pierre Jarnac, *Les Cahiers de Rennes*, p. 44.

l'affaire de Rennes-le-Château ; d'ailleurs en 1990 l'Association des Amis des Archives de l'Aude tenait pour acquis, dans leur *Dictionnaire biographique*, ce qui suit :

« Il est bien connu que certains esprits sont toujours en avance sur l'époque et il aura fallu attendre ces dernières années pour qu'occultistes, cryptographes et ésotéristes de divers écoles fassent sortir l'abbé Boudet de l'enfer des « Fous Littéraires » où l'avaient placé, pour des raisons différentes, rationalistes et poètes. Détenteur de grands secrets, entre autres, celui de Rennes-le-Château », il aurait été le vrai maître de Bérenger Saunière [185] ».

Quoiqu'il en soit, imprégnons-nous maintenant de ces relents de celticisme qui flottaient dans le paysage occitan, véhiculés au restant par quelques sociétés secrètes du XIXe et XXe siècle.

---

[185] Cit., *Les Audois*, Dictionnaire biographique, p. 74, Association des Amis des Archives de l'Aude, 1990.

Chapitre VII

Alexis de Sarachaga
Le Hiéron du Val d'Or
de Paray-le-Monial
Le Rayonnement intellectuel
Paul Le Cour, Milosz
Celticisme et Franc-Maçonnerie à Bordeaux

La tradition celtique trouva son pendant dans certains milieux catholiques avec la création du « Hiéron du Val d'Or ». Le porte parole et le fondateur de ce courant mystique en fut Alexis-Florentin-Séverin de Sarachaga, né le 8 novembre 1840 à Bilbao. Après ses études d'ingénieur en Suisse, il débuta à Madrid une carrière diplomatique qui le mena en Russie. A la Cour de Russie, il obtiendra en 1862 un titre de noblesse par l'empereur Alexandre III, « Baron de Sarachagov ». Envoyé à Paris où il épousa la cause naundorffiste, il fut, en 1870, de nouveau reçu à la Cour de Russie, période durant laquelle le baron de Sarachaga se convertira sous l'effet d'une image du Sacré-Cœur contemplée dans l'église des dominicains de Moscou. De retour en France, sa rencontre en 1873 avec le père jésuite Victor Drevon (1820-1880), fondateur en 1854 de l' « Association de la Communion Réparatrice », fut si déterminante qu'Alexis de Sarachaga décida de mettre son érudition et sa fortune au service de la mystique ayant pour base la révélation du Sacré-Cœur ; alors qu'en parallèle, un certain légitimiste de la Haute-Garonne, le baron Gabriel de Belcastel, né à Castres en 1821 et décédé à Toulouse en 1890, promulgua et coordonna un pèlerinage national à Paray-le-Monial. Ce lieu est bien connu de nos jours pour son culte du Sacré-Cœur, imputable toutefois au père Claude de La Colombière (né en 1641 et décédé à Paray-le-Monial en 1682) qui avait contribué à répandre la dévotion au Sacré-Cœur en vulgarisant les révélations faites à Marguerite-Marie Alacoque (née en 1647 et décédée à Paray-le Monial en 1690), dont il fut le directeur spirituel [186].

Désormais installé à Paray-le-Monial, Sarachaga y fonda avec le Père Drevon le « Hiéron du Val d'Or » (1877), avec l'approbation pontificale de Léon XIII et les encouragements du Père Henri Ramière (1821-1884) de la Compagnie de Jésus [187]. En 1890, il fut décidé par la « Société des Fastes Eucharistiques » et avec le concours d'un architecte avisé, Noël Bion, de construire un monument, un temple-palais constitué d'une bibliothèque eucharistique et d'un musée dans lequel de nombreux tableaux de l'école de Florence, de Madrid, de Barcelone, de Venise, etc., furent exposés, tels *La Communion de Sainte Marie-Madeleine* de Benoît Lutti, *L'Acte religieux de Rodolphe de Habsbourg* d'après l'original de Pierre-Paul Rubens (1577-1640) au Prado de Madrid, *Les Trois messes de Noël chez les Templiers* de Peter Neffs, *L'Ex-voto des Croisades*, …

---

[186] Notons la publication par Mgr François-Léon Gauthey (1848-1918), qui était aussi évêque de Nevers et archevêque de Besançon, d'un ouvrage intitulé *Vie et œuvres de la bienheureuse Marguerite-Marie Alacoque* (1915). La religieuse fut canonisée en 1920. – Fête le 17 octobre. Quant à Claude de La Colombière (dit Bienheureux Père) il le fut en 1929. – Fête le 15 février.

[187] Grâce au P. Drevon, la Compagnie de Jésus avait une résidence à Paray.

Son édifice, qui fut définitivement achevé en 1893, présentait une architecture « simple et variée à la fois, qui se rattache au style ionien de la meilleure école. Il appartiendra au visiteur compétent d'en apprécier la valeur et d'en comprendre le symbolisme, lequel, dégagé de toute idée de la Grèce païenne, se rapporte plutôt à la règle de l'art égyptien et au canon salomonique [188] ».

Cette vaste entreprise vouée à promouvoir et agrandir le règne de Jésus-Christ était aussi de mettre en évidence une historicité des Fastes, « Ordre ethnarchique mondial », celle qui consistait à rassembler et écrire, par exemple, sur les anciennes civilisations religieuses et d'en démontrer, par des études étayées sur le symbolisme ou l'art (entre autres), les liens avec le christianisme primitif. Ou encore, par le biais de l'archéologie et de la préhistoire, valoriser le site de Paray, endroit privilégié naguère, selon le Hiéron et ses deux sociétés locales « La Photographie comparée » et « L'Union Parodienne », du vrai druidisme dont la fonction religieuse et sociale était de garder pure et intacte la religion primitive confiée à Noé et transmise à Japhet et à Gomer, lesquels furent les patriarches et les législateurs des Cimmériens, des Celtes et des Gaulois.

Sarachaga s'entoura du médecin et astrologue Henri Favre (1827-1916) [189], communément appelé par le poète ésotériste Victor-Emile Michelet [190] le « Vieux Druide » ;

---

[188] Félix de Rosnay, *Le Hiéron du Val d'Or élevé en hommage à Jésus-Hostie-Roi, ses origines, ses travaux, ses collections et sa méthode*. Réimpression à partir de l'édition originale (1900) par les Editions Arma-Artis, 2002.
[189] Il fut aussi l'ami du célèbre mage Eliphas Levi (1810-1875). Voir l'utile ouvrage de Christiane Buisset *Eliphas Levi, sa vie, son œuvre ses pensées*, Guy Trédaniel, Paris, 1985.
[190] Victor-Emile Michelet in *Les Compagnons de la Hiérophanie, Souvenirs du mouvement hermétiste à la fin du XIXe siècle*, Dorbon-Aîné, Paris, 1938.

de Madame Favre-Bessonnet, fille du susnommé et connu sous le pseudonyme de Francis André ; du comte Etienne d'Alcantara, auteur notamment de *Les Temples-Palais de la Chrétienté* (1897); de Félix de Rosnay, le secrétaire du Hiéron ; du R. P. Joseph Zelle, du P. Sanna-Solaro et de Joseph Cretin, pour ne citer qu'eux... Mentionnons aussi les études sur *Les Pactes européens et les Hommages de la France à l'Hostie* par l'un des adeptes du Hiéron, un proche de Jules Bois aussi, le baron André de Maricourt. En parlant d'une autre relation de Jules Bois, signalons que le 19 septembre 1900, la grande cantatrice Emma Calvé, quelques jours avant son départ en Orient avec Vivekananda et bien entendu Jules Bois, reçut par l'intermédiaire de la comtesse Isabelle d'Eu une lettre en provenance de Paray-le-Monial, écrite par le père jésuite du Lac de Feugère (1835-1909), qui était fils d'un conseiller à la Cour des Comptes et filleul du Cardinal Maurice de Bonald, archevêque de Lyon et rouergat né à Millau [191]. Nous n'en savons pas plus sur cette correspondance, sinon que le père prédicateur était prié de s'occuper de la Diva et lui donner des conseils en une circonstance difficile [192].

Alexis de Sarachaga fut un hermétiste. Tout vient d'Egypte. Mais aussi un gnostique qui pratiqua un arcanisme ésotérique : « Cette seconde loi génératrice de toute existence organisée se retrouve enseignée aux initiations au deuxième degré de la Gnose numérale d'Hénoch, et tout particulièrement chez les Druides, sous le nom d'Arcane social du Grand Aor, d'Isis et d'Eleusis [193] ».

---

[191] *Emma Calvé. La cantatrice sous tous les ciels* de Georges Girard, p. 200, Millau, Ed. Grandes Causses.
[192] *Idem.*
[193] Félix de Rosnay, pp. 212-213.

Il parla également du culte du Feu en référence au Celtisme et affirma que c'est parmi les Celtes et les Druides que la « tradition adamique » s'est maintenue dans sa pureté primitive. Il insista sur l'importance du primordiale, du culte de la Vierge (noire) confondu avec celui d'Isis ou de Vénus. Les revues du Hiéron ou du centre des Fastes Eucharistiques de Paray, telles le *Règne social de Jésus-Christ*, le *Novissimum Organum*, le *Politicon*, le *Pam-Epopéïon*, sorte d'annales de l'école bardique et de l'école diplomatique internationales, ou *l'Egide*, un bulletin d'orientation bardique et du Saint Graal, illustrent en thèse millénariste, hermétique, mystique et symbolique, comme par exemple sur les pierres, l'Empyrée, la Jérusalem Céleste, la citadelle de Sion, Elie, Hénoch, Melchisédech, le druidisme, la Kabbale, l'Etoile, l'avènement pour l'an 2000 du règne politique et sociale Christ-Roi, la lettre emblématique H (inscrite au fronton du Hiéron) et les trois signes majeurs du Hiéron : la Pomme, le Thau et le Chrisme (un monogramme du nom du Christ), …

L'alchimiste et hermétiste Pierre Dujols de Valois (1862-1926), identifié par quelques auteurs à Fulcanelli, exposa à Paul Le Cour une intéressante mise aux points sur cette résurgence traditionnelle :

« Non seulement les Affiliés du Hiéron s'affichent comme Templiers et Chevaliers du Graal, mais encore ils se proclament les Apôtres des Derniers Temps réclamés par la Vierge de la Salette, dans un secret destiné au Saint-Siège… Or, dans ce document qui a été publié, l'Apparition de la Salette met le clergé en accusation et fait un appel pressant aux Apôtres des Derniers Temps, ceux qui savent (sic). En effet, les promoteurs de cette croisade se flattent de posséder la Connaissance. Il y a du vrai dans ces prétentions, mais jusqu'à quel degré ?

Certainement le mystérieux monsieur d'Autun [194] n'est pas étranger à la secte, car il parle la même langue. Chose curieuse et coïncidence bizarre, Ignace de Loyola était un basque espagnol. Sarachaga est de la même région d'Al Cantara en Galice. Ils m'apparaissent comme les délégués et les missionnés d'un centre occulte religieux... *Les Cahiers de l'Egide* sont d'ordre initiatique et traitent de l'histoire à la manière des rituels maçonniques, sans fonder leurs articulations, sans la moindre preuve. C'est le système d'enseignement qui a fait avorter l'entreprise. Ce qui était tolérable encore au XVIIIe siècle dans les Loges est impossible aujourd'hui, car le public ecclésiastique lettré exige des arguments plus positifs. Le Hiéron est donc un raté. Mais cet essai sera repris quelque jour sous une autre forme. Dans tous les cas, vivant ou mort, il gardera vis-à-vis de vous le silence le plus absolu, car vous n'êtes pas de la maison [195] ».

À la lecture de cette lettre on comprend dès lors qu'il existait peut-être au sein de ce centre religieux une structure initiatique qui se référait à une maçonnerie templière [196]. Alexandra Charbonnier suggère une Stricte

---

[194] Gérard Galtier, *op. cit.*, p. 263-264, fait part d'un certain Alain Gouzien *alias* Jehan d'Autun, un naundorffiste qui se fit remarquer en publiant de 1892 à 1894, à Montmartre, un hebdomadaire d'informations générales, *Le Sacré Cœur*. Toutefois le mystérieux monsieur d'Autun signalé par Dujols pourrait être aussi, en se référant à l'ouvrage de Simone de Noaillat, Hyacinthe Chassagnon, Ev. d'Autun, Chalon et Mâcon, personnage qui a été très mêlé au mouvement du Hiéron. Simone de Noaillat in *Marthe de Noaillat 1865-1926*, Bonne Presse, Paris, janvier 1931.

[195] *Atlantis*, « Paray-le-Monial, Haut-lieu de la Tradition ; une société Templière inconnue au XX e siècle », n°252, juin 1959 ; lettre de Pierre Dujols à Paul Le Cour du 23 février 1925. A. Charbonnier, *op. cit.*, p. 206-207.

[196] Gérard Galtier ajoute que le cinquième but du Hiéron était de lutter contre la Franc-Maçonnerie. *Op. cit.*, p. 249. Nous pensons que la franc-maçonnerie républicaine était surtout visée, d'autant plus que le

Observance Templière dans laquelle les hauts grades chevaleresques du groupe étaient selon toute vraisemblance porteurs de la mystique du cœur rayonnant, transmise par le canal templier [197]. Quoiqu'il en soit de cette structure initiatique sus-référée par Charbonnier en Stricte Observance Templière, métamorphosée ensuite par Jean-Baptiste Willermoz (1730-1824) et à l'échelle nationale en « Ordre des Chevaliers Bienfaisants de la Cité », on peut néanmoins supposer, sans preuves formelles à ce jour, que le baron de Sarachaga fut initié à la Maçonnerie templière. Une initiation qui aurait eu lieu soit lors de ses séjours en Russie, car nous n'ignorons pas que la Cour était aussi un terrain d'élection pour le recrutement des loges dites de Stricte Observance Templière, grâce aux loges allemandes et à une tradition « martiniste » introduite par Willermoz à la fin du XVIIIe siècle ; soit en Suisse durant ses études d'ingénieur, puisque quelques-uns supposent à bon droit que Sarachaga aurait très bien pu rencontrer Edouard de Ribaucourt (nous reviendrons sur ce personnage). Toujours est-il que Sarachaga dut délaisser par une injonction discrète de Rome le Hiéron pour aller vers 1912 s'installer à Marseille. Il y mourut le 4 mai 1918. Son disciple, Félix de Rosnay, auteur en 1900 de *Petite histoire de Paray-le-Monial*, rendit quelques années plus tard un pathétique hommage à son « Maître » :

« À la mémoire de notre maître aimé, endormi prématurément dans le Seigneur... De la Gaule celtique il découvrit l'alpha et l'oméga ... il força le bardisme à secouer le joug de l'abject naturalisme, il avait retrouvé les véritables symboles adamiques [198] ».

Grand-Orient affichait, dès le XIXe siècle, ouvertement et avec véhémence des thèses anti-cléricales.
[197] A. Charbonnier, *op. cit.*, p. 207.
[198] *Au Christ Roi*, sept-oct. 1926. Jean-Pierre Laurant, *op. cit.*, p. 154.

Après la guerre de 1914-1918 et le décès du baron de Sarachaga, le flambeau fut repris par Marthe de Noaillat (1865-1926) et son mari ensuite, Georges de Noaillat. Mais il n'était plus question de chevalerie templière car la revue *Au Christ-Roi* fondée par Marthe de Noaillat versait maintenant dans le piétisme [199], tout en restant rattachée à la ligue universelle du Christ-Roi et en reconnaissant les hautes vertus et les saintes hardiesses du Père Drevon et le surnaturel détachement de Sarachaga En d'autre termes, les liens probablement réels (mais non prouvés) au sein du Hiéron entre une mouvance ecclésiastique et une maçonnerie de marge et de tendance spiritualiste n'étaient plus dans l'air du temps. Cette maçonnerie spiritualiste qui prenait souche dans la pratique du Rite Ecossais Rectifié, prometteuse et florissante après la révolution et presque menacée d'extinction ensuite, s'était en définitive maintenue en Suisse, principalement dans le Grand Prieuré Indépendant d'Helvétie (fondé en 1779) [200].

Un prolongement qui s'étiole. La deuxième génération à Paray.

Les thèmes sur l'eucharistie et l'hermétisme n'avaient néanmoins point disparu. Le père Félix-Marie Anizan (1878-1944), qui était au début des années 1920 en relation avec le centre de Paray-le-Monial, fonda la « Revue Universelle du Sacré-Cœur » connue sous le nom de *Regnabit* (1921-1929) et qui fut l'organe de la « Société du Rayonnement Intellectuel du Sacré-Cœur ». L'illustre iconographe et hermétiste chrétien, Louis Charbonneau-

---

[199] L'ouvrage de Simone de Noaillat (sœur de Marthe), *op. cit.*, le confirme.
[200] A qui sera dû le sauvetage du Rite écossais rectifié. La Stricte Observance Templière avait été introduite en Suisse en 1765. Cl., *La Tradition maçonnique* de Robert Amadou, p. 145, Paris, Cariscript, 1986.

Lassay (1871-1946), qui fut recommandé par l'Archevêque de Paris, le Cardinal Louis Dubois (1856-1929) [201], publia dans *Regnabit* de nombreux articles relatifs à l'iconographie chrétienne, ainsi que sur les graffiti templiers du donjon de Chinon qui, aussitôt, fut l'objet d'un tiré à part. Charbonneau-Lassay travailla aussi en s'inspirant d'un fonds fourni par le dernier représentant de la « Fraternité du Paraclet », le chanoine Théophile Barbot (1841-1927). Si l'on en croit Marie-France James, cette série de documents confiée généreusement à Charbonneau-Lassay avait trait à deux anciennes confréries hermétiques, l'Estoile Internelle, un cénacle très fermé qui œuvrait sur la base d'une opérativité chrétienne et l'AGLA [202]. Une digression sur l'AGLA ; une société fondée à Lyon vers 1510 par le célèbre mage Henri-Cornelius Agrippa avec un peu plus tard la participation de François Rabelais (1494-1553), pour signaler l'utile ouvrage de Patrick Berlier sur ces confréries méconnues de la Renaissance [203].

La collaboration de René Guénon à cette entreprise rénovatrice du « Rayonnement Intellectuel du Sacré Cœur » de Félix Anizan est bien connue des historiens de l'ésotérisme. Sa série d'articles dans *Regnabit*, dont la plupart fut consacrée au symbolisme du Sacré-Cœur dans ses rapports avec le Saint Graal, est restée en mémoire. Néanmoins René Guénon en fut évincé en 1927, suite à des pressions en provenance des milieux néo-thomistes, en

---

[201] Il fut aussi archevêque de Bourges (1909) et de Rouen (1915). Fondateur d'un institut grégorien, il travailla à la réconciliation de l'Eglise et de l'Etat.
[202] Marie-France James, *op. cit.*, pp. 69-70.
[203] Voir *La Société Angélique* de Patrick Berlier aux Editions Arqa, décembre 2004. Robert Ambelain considérait que la société l'AGLA, outre qu'elle groupait des artisans du livre, était ésotérique et qu'elle eut une influence sur la création de la Franc-Maçonnerie. Cf. *Le Martinisme* (1946) de Robert Ambelain, cité par Charbonnier, op. cit., p. 194.

dépit de l'intervention de son ami Olivier de Fremond (1854-1940) auprès d'un autre collaborateur de la revue, le père Emile Hoffet, personnage que nous évoquerons de nouveau dans l'affaire Saunière. La revue *Regnabit*, qui se transforma en devenant, sous l'impulsion de Charbonneau-Lassay, le *Rayonnement Intellectuel*, ne survécut guère plus longtemps, malgré l'intérêt manifesté par les milieux ésotéro-occultistes. D'ailleurs, la déterminante hostilité du milieu catholique y contribua, alors que, de son côté, le Hiéron de Paray-le-Monial affichait sans retenue la même apostasie en publiant, par l'intermédiaire de l'abbé Paul Boulin (1875-1933), un curieux roman sur les dessous de la maçonnerie dans lequel était inclus un manuscrit daté de 1885, avec des annotations du père jésuite Harald Richard (né en 1867 - décédé à Paray-le-Monial en 1928). Cet ouvrage, qui était proche des idées de Léo Taxil, s'intitulait *L'Elue du Dragon* (1929) et avait pour nom d'auteur Clotide Bersone (probablement un pseudonyme), une soi-disant initiée des hauts grades maçonniques et une ancienne maîtresse du président des Etats-Unis, James Abram Garfield (1831-1881). Clotide Bersone, après sa conversion, se serait même réfugiée dans un des convents de Paray-le-Monial [204].

Récupération. Paul Le Cour

Si, comme nous l'avons constaté, les initiatives de Félix Anizan furent condamnées en haut lieu et que sa revue fut reconvertie en une publication tout à fait « exotérique », reconnaissons a posteriori que les articles de Paul Le Cour sur le Hiéron dans sa revue *Atlantis* contribuèrent à faire perdurer la notoriété de Paray-le-Monial. En fait, le climat spirituel, initiatique et chrétien du Hiéron de Paray-le-

---

[204] Ouvrage qui connaîtra une nouvelle réédition. *L'Elue du Dragon* de Clotide Bersone aux Nouvelles Editions Latines, 1932. Voir aussi Marie-France James, p. 228.

Monial, qui pouvait y régner du temps de Sarachaga, l'avait subjugué. Paul Le Cour qui avait entretenu durant de nombreuses années une relation épistolaire avec Philéas Lebesgue écrivit le 16 mars 1927 :

« Je relis les documents du Hiéron de Paray-le-Monial. Là je sens frémir le courant souterrain [205] ».

Toutefois, nous ignorons si Le Cour reçut dans sa totalité le cursus initiatique du Hiéron, en dépit des liens avec la deuxième génération ésotérisante de Paray-le-Monial, principalement dans la mouvance de Charbonneau-Lassay, et sa rencontre avérée en 1923 avec un des derniers survivants du Hiéron, mademoiselle Jeanne Lépine-Authelain (décédée en 1926) qui, en lui léguant la chevalière du baron Alexis de Sarachaga, le considérait comme le continuateur de cette école [206] :

« Je me préoccupe en ce moment de ce que je vais écrire sur le Hiéron dans *Atlantis* de juin, selon mon programme établi depuis longtemps. Nous continuons en effet cette œuvre, il ne faut pas le dire, mais le laisser deviner... Je ne sais si ceux que Sarachaga appelait les apôtres des derniers temps seront encore cette fois encore sauvegardés puisque ce sont eux les dépositaires, les conservateurs de la flamme qui brûla quelque temps au Hiéron de Paray-le-Monial [207] ».

Pour en terminer avec ce personnage, signalons tout de même son implication au gouvernement de Vichy, participation jugée naturellement inadmissible et n'incitant guère les biographes à se pencher sur sa vie. Sur ce propos brûlant, soulignons, par souci d'historicité, que Paul Le Cour n'était pas, comme le relève à juste raison François

---

[205] François Beauvy, p. 155.
[206] M. F. James, p. 175.
[207] Lettre du 23 mai 1929 et du 26 octobre 1931, Beauvy, p. 158.

Beauvy, un politique mais un mystique ésotériste qui était enfermé dans le cercle de ses propres théories religieuses qui lui faisaient entrevoir le début d'une nouvelle ère :

« Il veut revenir aux origines du christianisme qui a sa source chez les Esséniens et Saint Jean-Baptiste. Il déplore ce qu'il appelle « la judaïsation de l'Eglise chrétienne depuis le 5ème siècle ». Sur ce sujet, il exprime un antisémitisme religieux : « Je ne reproche pas aux juifs d'avoir accaparé les richesses et les postes de commande administratifs ; je n'ai pas le désir de les martyriser, je reproche seulement au judaïsme d'être une source d'erreur pour parvenir à la vérité métaphysique et d'avoir sciemment altéré la doctrine du Christ en lui faisant adopter ses dogmes qui n'étaient point ceux de la primitive Eglise chrétienne... Le johannisme a été traqué depuis 1500 ans ou altéré ». L'antisémitisme religieux de Le Cour l'a poussé vers une collaboration intellectuelle et passive avec l'occupant. Cela se traduit chez lui par l'utopie d'une chevalerie nouvelle [208] ».

L'esprit du Hiéron chez Milosz. Bordeaux, ville étape.

Outre le contact suivi de Milosz avec le P. Félix Anizan, René Guénon et un bref instant avec Paul Le Cour, la remarquable biographie d'Alexandra Charbonnier conforte indubitablement l'hypothèse de la proximité de la spiritualité de Milosz avec celle enseignée au Hiéron. Pour ce faire, elle dut naturellement comparer et analyser minutieusement les écrits de Milosz avec ceux du Hiéron, et après lecture attentive de son livre, on peut désormais sans risque considérer que le Hiéron eut une postérité qui s'est manifesté dans les groupes mystico-hermétiques de Milosz, tels le « Centre Apostolique » (1919) et « Les Veilleurs » (1920) qui essaimèrent en province des

---

[208] Beauvy, p. 168.

groupes, notamment à Lyon, à Marseille et en Aquitaine, dans la ville de Bordeaux.

L'association des Veilleurs possédait un cercle intérieur, « L'Ordre des Frères d'Elie » qui ressemblait étrangement à une loge paramaçonnique. Les cérémonies y furent somptueuses, avec les douze frères d'Elie en robe blanche et couronnés d'or et Milosz en Pontife avec une épée à la main. Le groupe des Frères d'Elie, nommé l'Ordre des Chevaliers du Saint-Esprit ou les Chevaliers de l'Ordre du Christ, s'était constitué en une chevalerie mystique où l'on recevait et appliquait un enseignement gnostique [209]. Dans ce groupuscule, on y relevait la présence, outre celui de Milosz sous le *nomen mysticum* de Pierre d'Elie, du théosophe Gaston Revel (18?-1936) sous le *nomen* de Paul d'Elie, de l'astrologue et alchimiste Henri Coton (1894-1988) dit Henri Coton-Alvart, le disciple de Pierre Dujols qui s'isola de la scène publique pour se consacrer au Grand Œuvre qu'il mena à bien [210], de l'hermétiste René Schwaller *alias* Aor, un terme fortement utilisé au Hiéron, comme le faisait remarquer justement Alexandra Charbonnier [211]. Sur la remarque avisée de cette dernière, ajoutons qu'elle considèrera, dans une certaine mesure, que René Schwaller (1887-1961), nommé René Schwaller de Lubicz (après s'être fait anoblir par Milosz), et Jeanne Germain (1885-1962), épouse de Georges Lamy et après son veuvage marié avec René en devenant Isha Schwaller de Lubicz, bénéficièrent d'une certaine tradition qui fut véhiculée par le baron de Sarachaga.

Bordeaux était une ville étape pour une certaine catégorie de conventicules ésotériques et fortement chargée en histoire sur la Franc-Maçonnerie, notamment sur

---

[209] A. Charbonnier, *opus citem*, pp. 330-332.
[210] *Ces hommes qui ont fait l'alchimie du XXe siècle* de Geneviève Dubois, p. 33, Geneviève Dubois éditions, Grenoble, 1999.
[211] *Op. cit.,* p. 332.

l'Ecossisme et le Rite Ecossais Rectifié (à ne pas confondre avec l'Ecossisme). Ne relevait-on pas à la fin du XVIIIe siècle un temple Cohen à Bordeaux ? Par exemple au temps du « Philosophe inconnu » (nous y reviendrons), ce qui à l'évidence nous démontre l'existence d'un certain type de maçonnerie, en l'occurrence la Stricte Observance Templière (S.T.O.), puis sa mouture le Rite Ecossais Rectifié (R.E.R). Soulignons à ce propos la présence du clergé catholique dans les loges maçonniques de Bordeaux, même peut-être dans celles issues du R.E.R.

Comme nous l'avons dit, au début du XXe siècle, le R.E.R. était presque inexistant en France, sinon fort discret. Néanmoins, les efforts conjugués du Dr Camille Savoire (1869-1951), du Dr Bastard et d'Edouard de Ribaucourt (1865-1936), en accord avec le Grand Prieuré Indépendant d'Helvétie (Ordre des Chevaliers Bienfaisants de la Cité Sainte), garant du R.E.R., s'avérèrent payants puisqu'une loge du Grand-Orient, *Le Centre des Amis*, fondé sous la Révolution sous ce nom et pratiquant le R.E.R. se réveilla en octobre 1910. Séparée du Grand-Orient, cette loge fut suivie par celle (bien entendu !) de Bordeaux, « L'Anglaise 204 de Bordeaux », et les deux groupes formèrent ainsi une nouvelle obédience, reconnue en 1913 par la « Grande Loge Unie d'Angleterre » sous le nom de « Grande Loge Nationale Française » [212]. Néanmoins, Camille Savoire choisit de rester au Grand-Orient tout en ne participant plus aux premiers degrés du Rite. De moins en moins à l'aise avec le Grand-Orient, le Dr Savoire en démissionna, après l'obtention d'une chartre par le Grand Prieuré d'Helvétie, pour y fonder le 23 mars 1935, avec l'aide de Ribaucourt, le Grand Prieuré des Gaules :

---

[212] Le duc Albert de Connaught (1850-1938) en fut le Grand Maître, de 1901 jusqu'à son décès.

« C'était à l'époque où Camille Savoire, alors Grand Commandeur du Grand Collège des Rites, travaillait à la reconstruction dans son sein du Grand Prieuré de France... Le Dr Camille Savoire désirait encore intensifier ce mouvement. Il voulait aussi affirmer l'indépendance de notre Ordre vis-à-vis de la politique, par un retour aux traditions entraînant un renouveau intellectuel et spirituel de notre Obédience [213]. »

En plus de cette maçonnerie chrétienne et templière, on celtisait beaucoup à Bordeaux, autant qu'au Hiéron peut-être. Sans pour autant affirmer que l'esprit du Hiéron transita (en tout cas dans sa totalité) en Aquitaine, on notait la présence d'Auguste Chauvet qui, comme nous l'avons dit dans un chapitre précédent, était en relation avec Charbonneau-Lassay et dirigeait en 1927, à Bordeaux, sa « Société des Chevaliers du Saint-Graal ». James Chauvet avait aussi pour ami Milosz et la baronne Renée de Brimont, la petite nièce de Lamartine et l'amie intime et de cœur de Milosz [214]. D'ailleurs cette dernière, qui traversait une période de dépression morale, se fit soigner en 1929 par le Dr Chauvet, parfois par des méthodes où l'occultisme n'était pas étranger puisque Milosz le remerciait d'avoir fait lire à la baronne, à Bordeaux, des livres d'ésotérisme importants [215].

---

[213] *La Chaîne d'Union*, n°8, mai, 18ème année, 1956-1957, op. cit., pp. 449-468. Voir aussi *La Franc-Maçonnerie* de Paul Naudon, collection « Que sais-je ? », *La Tradition maçonnique* de Robert Amadou, *opus citem*, ainsi que l'article d'Amadou in *Question De*, n°43, juillet-août 1981, « Fasta-Latomorum. Annales maçonniques des origines à nos jours. »
[214] Elle écrivit sous son nom de plume de René Prat quelques ouvrages de poésies et un livre intitulé *Roman de la Rose* dans lequel était mis en scène le célèbre Philosophe Inconnu, Louis-Claude de Saint-Martin.
[215] Alexandra Charbonnier, p. 386.

Toujours à Bordeaux, outre l'ingénieur et hermétiste bordelais M. Arnaud qui cherchait le Graal à Montségur et l'évangile de Saint-Jean, une tentative de faire renaître « Le Collège Bardique des Gaules » en 1954 par un celtisant breton de Bordeaux, Louis Béranger, avorta. D'ailleurs ce « Collège », qui fut fondé en 1933 par Jacques Heugel [216] et avait cessé son activité en 1940, disparaîtra à jamais à la mort de Philéas Lebesgue en 1958. Ni Jacques Heugel (1890-1979), ni Philéas Lebesgue, n'ont recherché ou désigné un successeur, en dépit des informations erronées qui figurent dans certains ouvrages ou revues et qui voudraient que Paul Bouchet (décédé en 1979) fut le successeur du Collège Bardique des Gaules, comme le faisait remarquer M. François Beauvy dans ses édifiantes et imparables analyses [217].

---

[216] Avec Philéas Lebesgue (Grand-Druide), André Savoret (1898-1977) et le poète Gaston Luce, pour ne citer qu'eux. Signalons que le bulletin de ce « Collège » fut, selon Michel Raoult, imprimé par l'occultiste et écrivain prolifique Robert Ambelain (1907-1997). Cit., *Les Druides. Les sociétés initiatiques*, p. 126, Brocéliande/Editions du Rocher, 1997.
[217] Notamment sur la supercherie de Paul Bouchet. Voir François Beauvy, pp. 152-153.

CHAPITRE VIII

Le Temple Cohen de Toulouse (1760-1792)
Rose-Croix ou Franc-Maçonnerie ?
La Rose-Croix de Toulouse
Néo-Templerie
Le vicomte de Lapasse, Firmin Boissin
et les autres

Les cénacles aux relents d'hermétisme et de mysticisme foisonnaient dans la capitale du Languedoc. Toulouse était ville mystique pour beaucoup, un qualificatif qui fut entre autres, à juste titre, popularisé par les adeptes français du rosicrusianisme de Spencer Lewis ; Jean-Claude Danis avait même titré en 1985 son ouvrage *Toulouse capitale mystique* [218]. Il est certain que dans cette « ville rose », Franc-Maçonnerie, Illuminisme et Rose-Croix s'implantaient à outrance aux XVIIIe, XIXe et XXe siècles, phénomène imputable, il n'est pas inutile de le rappeler à nouveau, aux efforts avant-gardistes et audacieux de quelques hermétistes durant la période de la Renaissance.

Le Temple Cohen de Toulouse (1760-1792)

Toulouse, l'un des premiers foyers du Martinésisme fondé par l'intermédiaire du mystérieux Martines de Pasqually (1710 ?-1774) avec l'Ordre des Chevaliers Maçons Elus

---

[218] Jean-Claude Danis, *Toulouse, capitale mystique*, l'Adret, Saint-Gaudens, 1985.

Cohens de l'Univers, d'apparence maçonnique et d'obédience judéo-chrétienne. Maçon lui-même, Pasqually entreprit de greffer ainsi son propre rite sur les loges régulières, qui lui fournirent à la fois un modèle d'organisation et le vivier où il recruta ses adeptes, proposant « aux maçons français des obédiences ordinaires, et cela sous l'aspect extérieur d'un rite maçonnique ordinaire, un véritable enseignement initiatique [219] ». Auteur d'une œuvre inachevée, *Traité sur la Réintégration*, dans lequel est joint, pour en reprendre le résumé exact et succincte de Michel Taillefer, « une certaine forme de tradition cabalistique et d'ésotérisme chrétien hétérodoxe, sorte de théosophie fondée sur la théorie de la chute et de la réintégration inséparable d'une théurgie pratique devant permettre à ses adeptes d'entrer en relation immédiate avec les entités spirituelles du monde invisible ». Martines de Pasqually se heurta néanmoins à une forte opposition, nonobstant le prolongement de son rite à la loge de « La Perfection Elue Ecossaise » de Bordeaux, puis selon Serge Hutin (1927-1997), à Avignon, Lyon, Marseille et Paris.

Certes, si le temple toulousain d'Elus Cohen, qui travailla auprès de Saint-Jean des Trois Loges Réunies, ne semble pas avoir survécu, Louis-Claude de Saint-Martin (1743-1803) insuffla cependant une nouvelle dynamique, comme le précisait Michel Taillefer qui a consacré aux Elus Cohens de l'ancienne capitale du Languedoc une étude fort utile, principalement sur les disciples toulousains de Pasqually et de Louis-Claude de Saint-Martin, dit le Philosophe Inconnu :

« En maintenant la tradition martinésiste, en résistant à la propagande de Willermoz pour son Régime Ecossais

---

[219] Michel Taillefer in *Le Temple Cohen de Toulouse (1760-1792)*, Cariscript, Paris, 1986.

Rectifié où il enchâssa la théorie de la réintégration, mais qui est incapable de la théurgie, Toulouse a vengé le maître qui y avait souffert un premier échec, lors de la première tentative connue d'implanter le rite des Cohens. On ne peut affirmer que le temple de la fin de l'Ancien Régime était l'héritier direct de celui de 1760 ; peut-être fut-il restauré et fondé sur de nouvelles bases après une interruption de quelques années. Mais il est incontestable que l'étincelle mystique communiquée à quelques francs-maçons de la ville par Martines de Pasqually ne s'éteignit jamais tout à fait, et qu'elle continua à illuminer discrètement la vie intérieure d'un petit noyau de fidèles, en attendant que la visite du « Philosophe Inconnu » en 1776 la fasse briller d'un ultime et plus vif éclat [220] ».

Au détriment d'une voie théurgique ou opérative, dite Martinésisme, Louis-Claude de Saint-Martin privilégia le mysticisme par le canal d'une voie intérieure, dite voie cardiaque. Cette mouvance mystique compta ainsi dans ses rangs la famille du Bourg, celle qui résidait tantôt place Saintes-Scarbes à Toulouse, tantôt au château de Rochemantès situé à quelques kilomètres de la ville. Par exemple, le penchant prononcé pour le mysticisme de Mathias du Bourg (1746-1794) l'amena tout naturellement à faire la connaissance du « Philosophe Inconnu » qui, pendant l'été 1777, l'initia à Toulouse. Relevons également Joseph du Bourg (1754-1834), chevalier de Malte, autre adepte du Rite Ecossais Rectifié et sympathisant de Saint-Martin, tout comme Julien Mazade de Percin (1750-1823), membre notamment de la loge symbolique des *Vrais Amis Réunis* de Toulouse et de la *Bonne Foi* de Montauban, dont il est supposé qu'il avait été initié par le comte du Roy d'Hauterive ou par Etienne Vialette d'Aignan de Montauban qui lui-même avait fait son apprentissage auprès d'un martinésiste catholique de

---

[220] *Op. cit.*, p. 13.

Bordeaux, l'abbé Pierre Fournié (vers 1738-1827) [221]. On pourrait allonger la liste des noms propres en citant, entre autres [222], Elizabeth du Bourg - née d'Alliès, (1721-1794), la plus dévouée et enthousiaste élève de Saint-Martin, ou encore Philippe du Bourg (1751-1822), chanoine de Saint-Etienne de Toulouse, etc.

Rose-Croix ou Franc-Maçonnerie ?

Depuis le développement du « rosicrucianisme » au XVIIe siècle et ses retentissants « Manifestes », l'appellation Rose-Croix deviendra un terme courant et sera largement utilisée dans les futurs cénacles à caractère spirituel et occultiste. On pense, dans un premier temps, à la Franc-Maçonnerie spéculative qui avait vu le jour durant cette période. D'ailleurs les historiens avaient constaté cette coïncidence entre le renouveau de la Rose-Croix et la naissance des loges spéculatives et se demandaient à bon droit si la légende des Rose-Croix n'était pas liée à cette corporation maçonnique. D'autres auteurs admettaient que Thomas Vaughan (1622-1666) *alias* Eugenius Philalethe, Francis Bacon (1561-1626) ou Elias Ashmole (1617-1692) furent imprégnés de l'esprit de la Rose-Croix et influencèrent la Franc-Maçonnerie. Quelques uns encore affirmaient que la célèbre Loge

---

[221] Secrétaire de Martines de Pasqually, l'abbé Fournié se brouilla par la suite avec Willermoz avant d'émigrer en Angleterre où il embrassa l'école des théosophes allemands. Voir pour plus d'informations l'ouvrage d'Antoine Faivre in *L'ésotérisme au XVIIIe siècle*, La Table d'Emeraude, Seghers, 1973.

[222] Pour une liste plus exhaustive voir aussi *Louis-Claude de Saint-Martin, le Philosophe inconnu. Lettres aux du Bourg (1776-1785)*, mises au jour et publiées pour la première fois, avec une introduction et des notes critiques par Robert Amadou. Préface d'Eugène Susini et avant propos de Dr Philippe Encausse, Paris, 1977.

maçonnique toulousaine « La Sagesse » fut le prolongement du Rosicrucianisme [223].

Quoiqu'il en soit des rapports entre la Rose-Croix et la Franc-Maçonnerie et les nombreuses controverses qui en découlèrent (de multiples ouvrages sur ce sujet existent), leur convergence spirituelle demeure réelle sur bien des aspects, ce qui, éventuellement, expliquerait en partie la floraison du substantif Rose-Croix dans les hauts grades maçonniques du XVIIIe siècle. On pense en particulier : au 18ème degré inclus dans le chapitre du Rite écossais ancien et accepté, « Souverain Prince Rose-Croix » [224] ; à Willermoz et cet « Ordre des Chevaliers Elus Cohens de l'univers » dont le grade suprême fut celui de « Réaux-Croix » ; au Rite Primitif de Narbonne et leur 4ème Chapitre dit « Fraternité Rose-Croix de Grand Rosaire », exclusivement dédié à l'occultisme avec pour but la réintégration spirituelle de l'homme [225]; au célèbre Rite des Philalèthes du marquis Savalette de Langes (1745-1797 ou 1798) avec leur septième degré Rose-Croix [226] ; puis dans le courant du XIXe siècle au Rite Ancien et Primitif (Memphis) avec leur grade de « Chevalier Rose-Croix » inséré dans la troisième classe du chapitre de Rose-Croix ; sans omettre le Rite de Memphis-Misraïm, vecteur dans sa

---

[223] Le nom de ces ateliers maçonniques apparut vers 1780, (voir Ferrer-Benimeli, op. cit), puis sous la monarchie (de 1830 à 1848). Ces loges furent fréquentés par des légitimistes, tels le marquis Charles d'Hautpoul, Eugène et Théobald d'Hautpoul, Christophe du Bourg, pour ne citer qu'eux.
[224] Par exemple le franc-maçon très actif François Joly, né à Limoux en 1763, reçut le 15 septembre 1810 ce haut grade. Galtier, *op. cit.,* p. 125.
[225] Michel Monereau in *Les secrets hermétiques de la Franc-Maçonnerie*, p. 40, Editions Axis Mundi, Paris, 1989.
[226] Y appartenaient, bien entendu Chefdebien, le cabbaliste Duchantau et l'alchimiste Clavières… Michel Monereau, *op. cit.,* p. 41.

conception première des hauts secrets de l'hermétisme et de certains aspects de l'alchimie interne [227] ; etc.

Outre ces grades, il existait au sein de la maçonnerie de véritables systèmes « rosicruciens » dont le plus important fut, au dire de nombreux auteurs, la Rose-Croix d'Or en Allemagne. En Angleterre, des organisations paramaçonniques avaient donné naissance en 1866 à la « Societas Rosicrucianna in Anglia » (S.R.I.A.), parce que des maîtres-maçons furent mécontents du peu d'intérêt manifesté par la franc-maçonnerie majoritaire à l'égard de l'hermétisme ou de l'occultisme en général. En France, ce fut la Rose-Croix dite de Toulouse, dont la filiation rosicrucienne reste obscure, sans doute parce que ce courant toulousain ne se rattachait pas à la maçonnerie.

La Rose-Croix dite Toulousaine

La Rose-Croix, du fictif fondateur Christian Rose-Croix ou Rosenkreutz (que la *Fama* fait naître en 1378), a pris ainsi de multiples apparences depuis sa première apparition en Bohême au début du XVIIe siècle. Il en fut de même en Occitanie, mais bien après le bienheureux trépas de A. en Gaule narbonnaise, un mystérieux personnage appartenant à la deuxième génération de la fraternité, selon le manifeste Rose-Croix, la *Fama ou échos de la fraternité ou confrérie du très louable ordre de la Rose-Croix* [228], et que l'on pourrait désormais considérer comme le premier rosicrucien qui fit acte de présence en Septimanie. Sur cette période, où l'on discutait parfois des écrits de Pierre Fabre de Castelnaudary, *L'Abrégé des secrets alchymiques* (1636), on ne peut passer sous silence un autre personnage du rosicrucianisme, très controversé celui-là. D'abord parce

---

[227] *Idem*, p. 74.
[228] *La Lumière des Roses-Croix*, opus citem, p. 271.

qu'il était considéré comme un aventurier peu fréquentable et surtout parce qu'il avait publié à Paris en 1670 *Le comte de Gabalis ou Entretiens sur les sciences secrètes*. Son auteur, Nicolas-Pierre-Henri de Montfaucon, connu sous le nom de l'abbé Montfaucon de Villars, né en 1635 au domaine de Villars dans le diocèse d'Aleth [229], fut tout simplement accusé d'avoir révélé quelques arcanes de la Rose-Croix et fut pour son méfait, assassiné en 1675, sur la route de Lyon. Depuis, beaucoup a été dit ou écrit sur son mystérieux trépas, mais les opinions de Voltaire, du R. P. Vigneul de Marville, de Sir Edward Georges Bulwer, Lord Lytton (1803-1873), auteur d'un très beau roman sur deux Rose-Croix *Zanoni* (1842), de Gérard de Nerval (1808-1855), qu'on ne présente plus désormais, et de Stanislas de Guaita, grandiose occultiste de la fin du XIXe siècle [230], sont sur ce propos unanimes : Montfaucon de Villars a payé de sa vie pour avoir profané un secret et révélé les mystères de l'initiation.

Ainsi, l'Ordre de la Rose-Croix de Toulouse du XIXe siècle représentait une autre facette du rosicrucianisme d'origine. D'ailleurs, la genèse de ce courant toulousain aurait pu passer totalement dans l'anonymat si Joséphin Péladan n'avait pas cherché à justifier la filiation de sa « Rose-Croix Catholique » (1890), principalement dans son livre *Comment on devient Mage* [231] :

---

[229] Il fit de brillantes études théologiques à Toulouse et prêcha durant un certain temps à Saint-Sernin. Pour sa petite biographie, se référer à l'introduction de Pierre Mariel (1900-1980) in *Le comte de Gabalis ou entretiens sur les sciences secrètes*, pp. 7-36, La Colombe, Editions du Vieux Colombier, Paris, 1961.

[230] Sur ce personnage, on attendra avec impatience la biographie de Bruno Fouquet et de Frédérik Coxe, ouvrage qui fera sans nul doute date, tant par son étude que par les nombreuses lettres inédites (fournies très aimablement par un archiviste).

[231] Chez Chamuel, Paris, 1892.

« Par mon père, le chevalier Adrian Péladan, affilié dès 1840 à la néo-templerie des Genoude, des Lourdoueix – qui cinquante années tint la plume au clair pour l'Eglise contre les parpaillots, pour le Roy contre la canaille – j'appartiens à la suite de Hugues des Païens. Par mon frère, le docteur Péladan, qui était avec Simon Brugal, de la dernière branche des Rose+Croix, dite de Toulouse, comme les Aroux, les d'Orient, les vicomte de Lapasse – et qui pratiqua la médecine occulte, sans rémunération – je procède de Rosencreuz (sic) ».

Autrement dit, les informations essentielles sur ce cénacle de Toulouse proviennent en droite ligne des ouvrages de Firmin Boissin *alias* Simon Brugal, du vicomte de Lapasse et bien entendu de Joséphin Péladan qui s'en faisait ensuite l'écho, en dépit des recherches infructueuses de l'historien Serge Caillet à la Bibliothèque municipale de Toulouse [232]. Ce cercle rosicrucien, sur fond de régime monarchiste légitime, aurait donc été fondé vers 1850, une date approximative mais qui pourrait concorder si l'on tient compte de ce que pouvait en dire le vicomte de Lapasse en 1860, principalement dans son ouvrage intitulé *Essai sur la conservation de la vie* dans lequel il mentionnait furtivement la présence de quelques adeptes au sein d'une Rose-Croix [233].

Néo-Templerie

Avant de nous pencher sur le vicomte de Lapasse, quelques lignes succinctes sur la « Néo-Templerie »

---

[232] Cet auteur n'a pu faire autrement, tout comme Gérard Galtier, que d'exploiter au maximum les informations déjà existantes Voir, Opus cité, Serge Caillet in *Sar Hiéronymus et la Fudosi* (1986) et Gérard Galtier in *Maçonnerie Egyptienne, Rose-Croix et Néo-Chevalerie* (1989).
[233] Paris, Victor Masson, 1860, p. 59.

signalée par Joséphin Péladan qui, comme nous l'avons vu antérieurement, insista particulièrement sur les liens entre les cercles néo-templiers et la Rose-Croix toulousaine. Joséphin Péladan évoqua encore, dans *le Dernier Bourbon* (1895), un roman fort bien connu des ésotéristes, la « néo-templerie » de l'abbé Antoine-Eugène de Genoude (1792-1849) et du baron Jacques-Honoré Lelarge de Lourdoueix (1787-1860), pour une nouvelle fois en rappeler l'appartenance de son père, le chevalier Louis-Adrien Péladan (1815-1890).

Sans nous étendre sur ce sujet, puisque l'objet de cet ouvrage se porte davantage sur une présentation sommaire des nombreux languedociens qui, par le passé, ont contribué dans leurs provinces du Midi à nourrir et vivifier leur histoire, relevons néanmoins que cette néo-templerie des languedociens Genoude et Lourdoueix désignait une association chevaleresque catholique qui n'avait, dès lors, absolument rien avoir avec le Temple de Fabré-Palaprat, selon une recherche scrupuleuse de Gérard Galtier. Autrement dit, une certaine et regrettable confusion (imputable à Péladan) fut faite entre la « néo-templerie » de Genoude et Lourdoueix et celle de Raymond-Bernard Fabré-Palaprat (1773-1838) [234]. Ce qui engendra par ailleurs une autre affirmation, celle de la supposée appartenance de Péladan (père), de Genoude et Lourdoueix à l'Ordre du Temple de Fabré-Palaprat, une hypothèse pour de multiples raisons fortement contestée par Gérard Galtier. Il est certain que l'Ordre du Temple en question s'était fait connaître publiquement sous l'Empire Napoléonien et se distingua très franchement des idées

---

[234] La plupart des auteurs qui se sont penché sur l'Ordre du Temple de Fabré-Palaprat - la référence actuelle se porte toujours sur les ouvrages de René Le Forestier (1868-1951) - notèrent la remarquable fantaisie imaginée par Fabré-Palaprat, notamment celle de sa filiation prétendue avec l'ancien Ordre du Temple du dernier Grand-Maître Jacques de Molay.

catholiques, ne serait-ce que du chevalier Péladan qui, lui, milita avec ferveur et acharnement en faveur du retour de la légitimité. Sans rentrer dans les détails, c'est-à-dire sur ces rapports entre les courants initiatiques et la politique [235], retenons parmi les nombreuses dénégations de l'auteur précité ce qui suit :

« On ne trouve dans les dossiers du fonds de l'Ordre du Temple des Archives Nationales, aucune référence ni à Genoude, Lourdoueix ou Péladan, ni à une commanderie active en 1840. Il est seulement question de la nomination en 1810 de Théodorus Boyer, Prieur d'Aquitaine, Bailli d'Occitanie et Commandeur de Toulouse, qui semble avoir été vite étouffé par ses trop lourdes charges. En 1840 il existait encore un « Convent métropolitain de la Langue d'Aquitaine », c'est-à-dire un Prieuré d'Aquitaine, mais il n'était actif qu'à Bordeaux [236] ».

Le vicomte de Lapasse

Le vicomte Edouard de Lapasse, né à Toulouse le 2 janvier 1792 et décédé en 1867, en aurait été le fondateur. Dans le monde profane, son activité fut diverse et bien remplie. Notons qu'il fut successivement journaliste (dans des journaux légitimistes), diplomate, homme politique, membre et puis Secrétaire général de la Société Archéologique du Midi où il connut l'archéologue et franc-maçon toulousain Alexandre Dumège (1780-1862), naguère créateur du Rite des *Amis du Désert* et adepte éminent de la *Vieille Bru* [237]. Le vicomte appartenait également à la Société d'Agriculture de la Haute-Garonne et devint peu de temps avant son décès « Mainteneur de l'Académie des Jeux Floraux ».

---

[235] Un sujet maintes fois abordé dans l'ouvrage de Gérard Galtier.
[236] Galtier, *op. cit.*, pp. 209-210.
[237] *Idem*, p. 220.

Le parcours spirituel du vicomte de Lapasse demeure intéressant et touchant à la fois, car il fut de ceux qui se vouait corps et âme à l'amélioration de la condition humaine, par des voies certes peu orthodoxes, comme la médecine occulte (la Spagyrie), à l'image peut-être d'un lointain prédécesseur, en l'occurrence Joseph Balsamo qui, vers 1640, fut reçu à bras ouvert par le Capitoulat de Toulouse pour les merveilles de son élixir [238].

Le vicomte devint ainsi populaire pour sa générosité envers les pauvres qu'il soignait gratuitement, notamment par ses médications à « l'Or potable », sorte d'élixir aux effets bénéfiques qui, selon une certaine lignée de la tradition alchimique, inverse le processus du vieillissement et apporte sur le plan énergétique joie de vivre et bien-être. D'ailleurs Simon Brugal releva dans son ouvrage bien connu, *Excentriques disparus* (1890), que le médecin et alchimiste Edouard de Lapasse portait toujours sur lui un élixir de longue vie contenu dans un flacon de cristal de roche. Il est vrai que, vers cette époque, les partisans d'une alchimie opérative étaient encore tenaces, malgré sa décadence puisque la chimie l'avait détrônée et s'était constituée au XVIIIe siècle en science. Dans ce contexte défavorable, puisque la science les regardait comme des insensés, quelques rares adeptes de l'antique doctrine manifestaient encore un profond intérêt pour la science d'Hermès, tels, outre le vicomte de Lapasse, un certain Cyliani (un pseudonyme), auteur supposé de *Hermès Dévoilé* (1832) ou encore le languedocien Louis-Paul François Cambriel de Limoux, né en 1764 et décédé vers 1850, qui avait publié en juillet 1843 un cours en dix-neuf leçons sur la pratique du Grand Œuvre.

---

[238] A ne pas confondre avec Cagliostro qui portait pourtant comme nom profane Joseph Balsamo (1743-1795). Découverte surprenante faite par Robert Amadou. Voir, Serge Caillet, *op. cit.,* p. 87.

Dans un précédent et autre ouvrage de Simon Brugal, *Visionnaires et Illuminés* (1869), il est fait état d'une soirée de décembre 1839 chez la comtesse d'Albanès, où l'on dénombrait la présence de Charles Nodier (1780-1844), de Madame de Hautefeuille connue sous le *nomem mysticum* de Anna-Marie, de Pierre-Simon Ballanche (1776-1847), de Jacques-Scévole Cazotte (né en 1764), fils du célèbre illuministe et prophète malheureux Jacques Cazotte (1719-1792), du comte d'Ourches qui consacra sa vie et sa fortune aux expériences magnétiques [239]. Durant la réunion, le vicomte de Lapasse, qui avait hérité de cet élixir de vie par un savant ermite de Palerme, expliqua aux convives la recette de l' « Essence divine des Frères de la Rose-Croix ». Toujours selon Simon Brugal ou Firmin Boissin, le vicomte de Lapasse aurait séjourné par deux fois en Italie, à Naples et à Palerme. Simon Brugal mentionnait aussi que le vicomte de Lapasse avait rencontré un certain prince Balbiani ou de Balbiani :

« Un vieillard aimable et instruit, qui accueillait les étrangers avec une grâce charmante. Cet octogénaire avait fréquenté le célèbre Joseph Balsamo, plus connu sous le nom de Cagliostro, malgré le roman que lui a consacré, sous son vrai nom, notre immortel conteur Alexandre Dumas père...

« Le prince Balbiani prit en affection le vicomte de Lapasse. Il aimait à causer avec lui d'hermétisme, et il encouragea son projet d'en sonder les mystères. Il fit plus : il dirigea les premiers pas du jeune adepte dans le dédale des manuscrits et des bouquins d'alchimie et de cabale

---

[239] Eliphas Lévi in *Histoire de la magie*, p. 499, Paris, Librairie Félix Alcan, 1922.

qu'il possédait en grand nombre. Ce prince passait pour Rose-Croix [240] ».

La Rose-Croix de Toulouse, contrairement à d'autres formes de rosicrucianisme, se défendait d'être rattaché à la Franc-Maçonnerie. Sur ce sujet, le prince Balbiani ou ce savant ermite de Palerme était on ne peut plus catégorique : « Le vulgaire se trompe. Les vrais Rose-Croix sont en dehors des associations maçonniques [241] ».

Firmin Boissin

Brossons sommairement quelques portraits vivants de cette galaxie rosicrucienne de Toulouse, en nous référant en grande partie à Gérard Galtier [242], qui à travers diverses traces écrites (revues ou livres) en a extrait et fort bien synthétisé l'essentiel. Mentionnons d'abord celui qui a, par écrit, popularisé sous le substantif de Simon Brugal maintes fois la Rose-Croix de Toulouse et le vicomte de Lapasse ; en l'occurrence Firmin Boissin né, selon Marie-France James [243], le 17 décembre 1835 au hameau d'Aubezon, commune de Vernon les Joyeuse en Ardèche. Professeur de français chez les Picputiens de Cavaillon, à Avignon et Paris, avant de s'établir un moment à Paris où il était attaché à la bibliothèque de l'Arsenal, il rentra dans le journalisme et collabora à divers journaux ou périodiques, tels *La Revue du monde catholique*, *La Réforme sociale*, *Le Figaro*, *Le Courrier de Rouen* ou *Le Polybiblion* dans lequel il se chargera durant trois

---

[240] Je me réfère en toute confiance à *La Fudosi* de Serge Caillet, *op. cit.*, p. 44, qui, bien entendu, a puisé scrupuleusement dans l'ouvrage de Simon Brugal. Pour la citation d'origine, voir Simon Brugal in *Excentriques disparus*, p. 99, Toulouse, Privat, 1890.
[241] *Op. cit.*, p. 100.
[242] Peut-être la meilleure référence actuelle, sinon la plus complète. Voir Galtier, *Op. cit.*, pp. 219-245.
[243] Marie-France James, *op. cit.*, p. 44.

décennies de chroniquer les romans. En 1870 ou 1871, il collabora à un journal monarchiste catholique mais de tendance modérée et point réactionnaire, *Le Messager de Toulouse*, dont il devint assez rapidement rédacteur en chef, charge qu'il assumera toute sa vie durant.

Ami de Frédéric Mistral et élu en 1887 « Mainteneur des jeux floraux », Firmin Boissin fut un ardent défenseur de la langue d'Oc, notamment par le biais du *Messager de Toulouse* et de ses romans en parlers occitans (parfois) comme son livre sur la Révolution en Ardèche, *Jean de la Lune* (1887). L'année d'après, il participa à Toulouse et aux côtés de quelques félibres à la fondation de l'« Athénée des Troubadours ».

Firmin Boissin appartenait à quelques Ordres Chevaleresques ou initiatiques. Ses nominations officielles révèlent qu'il fut chevalier de l'Ordre de Saint-Grégoire le Grand (1887) et chevalier des Ordres d'Isabelle la Catholique et de Charles III (1888). Jean Mallinger (1904-1982), qui avant la fin des années 1920, envisageait au côté de Dantinne de restaurer l'ordre de Pythagore sous la forme d'une organisation « hermétiste, rectifiée et supérieure », affirmait que Firmin Boissin était affilié à l'Ordre des Nicotiniates qui véhiculait une tradition pythagoricienne. Joséphin Péladan, dont on a vu dans un des premiers chapitres de ce livre son attachement au catharisme et sa façon de magnifier l'histoire, révélait avec emphase que Firmin Boissin fut un transmetteur de la tradition secrète des troubadours, assimilée à celle des parfaits albigeois et de la Massénie du Graal.

Firmin Boissin décèdera dans ses terres le 13 juillet 1893. Quant à Joséphin Péladan, il le salua, si l'on prend en compte une commémoration contenue dans le fonds Péladan à la Bibliothèque de l'Arsenal, de :

« Commandeur de la Rose-Croix du Temple, Prieur de Toulouse, et Doyen du Conseil des 14 [244] ».

Adrien Péladan et les autres

Considéré à raison comme l'un des premiers homéopathes français (dans la lignée de Hahnemann) et, dans l'esprit Rose-Croix, comme un serviteur gagné à la cause de son prochain, en pratiquant notamment, tout comme le vicomte de Lapasse, la médecine gratuite auprès des pauvres, Adrien Péladan, né à Nîmes en 1844, peut encore susciter de nos jours un brin de respect dans les milieux ésotériques, malgré sa mort prématurée en 1885, due à une surdose homéopathique préparée par un maladroit pharmacien. Il est vrai aussi que son cursus initiatique ne fut pas des moindres et qu'il était à bonne école. On mentionnera pour mémoire qu'Adrien Péladan fut l'élève du lyonnais ecclésiastique et hermétiste Paul Lacuria (1806-1890) et surtout le disciple du fervent royaliste catholique, l'orientaliste Charles-Hyppolyte de Paravey (1787-1871) [245], un personnage qui fut tenu en haute estime par le vicomte de Lapasse et qui possédait un esprit encyclopédique qui ne peut se démentir, à l'image de ses œuvre et de ses scrupuleuses recherches sur l'astronomie, l'astrologie, les anciennes écritures hiéroglyphiques, les symboles universels et les diverses mythologies existantes [246].

L'appartenance d'Eugène Aroux (1793-1859) à cette confrérie toulousaine semble, peut-être à tort, admise de

---

[244] Cit. Serge Caillet, *op. cit.,* pp. 46-47.
[245] De Paravey, qui le prit en affection, joua un rôle majeur dans la formation de son intelligence. C'est lui qui le poussa à étudier le chinois et l'hébreu dès l'âge de 16 ans. Christophe Beaufils, op. cit., p. 13.
[246] Pour de plus amples informations sur le chevalier de Paravey, voir Ch. Beaufils et G. Galtier.

nos jours, en dépit du fait que son nom ne fut mentionné que par Joséphin Péladan. On pourrait prétexter que cet avocat de Rouen avait bien fréquenté Firmin Boissin, d'ailleurs personne ne contesterait leur mutuelle collaboration au *Courrier de Rouen*. On pourrait encore ajouter que l'ouvrage d'Eugène Aroux, *Dante hérétique, révolutionnaire et socialiste* [247], avait introduit dans le Paradis de la Divine Comédie de Dante les Rose-Croix, les Gnostiques, les Templiers et autres Cathares. Cependant, ni Firmin Boissin, ni le vicomte de Lapasse, pourtant au courant de l'atypique publication d'Eugène Aroux, ne lui accordèrent la moindre ligne dans leurs écrits. En fait, l'idéologie politique d'Eugène d'Aroux en fut peut-être la cause. Il est sûr qu'Aroux ne versait pas, contrairement aux autres membres, dans le légitimisme, comme le laissait entendre ses protestations de soumission au pape Pie IX dans son introduction à *Dante*. De plus, le particularisme ontologique d'Eugène Aroux sur l'hérésie de Dante, avec sa Massenie Albigeoise et du Graal (duquel était préconisée une fusion avec le Temple et les Gibelins [248]), ne fut probablement pas conforme à l'orthodoxie de la Rose-Croix de Toulouse qui, elle, prônait non seulement des idées politiques royalistes, mais gardait une fidélité à l'Eglise catholique tout en naviguant dans l'ésotérisme, dans la spagyrie et l'alchimie. En fait, ce cénacle toulousain semble avoir eu pour appellation « La Rose-Croix Catholique » ; tel aurait été son vocable si l'on en croit l'article nécrologique sur Adrien Péladan et qui fut signé par « un Rose-Croix catholique » (Firmin Boissin), dans lequel il prévenait les lecteurs de ne pas confondre

---

[247] Avec pour sous-titre *Révélation d'un catholique sur le Moyen-Age*, Renouard, 1854.
[248] Pour renforcer ses preuves, Eugène Aroux republia trois ans plus tard ses théories en s'appuyant sur les démonstrations de Francesca Rumini. Cl., *Bibliotheca Esoterica*, p. 557.

les Rose-Croix catholiques avec les Rose-Croix de la Franc-Maçonnerie [249].

Qu'Eugène Aroux ait été ou non membre de cette Rose-Croix catholique toulousaine, l'historiographie du catharisme retiendra en revanche son nom pour avoir été l'un des premiers auteurs au XIXe siècle à promouvoir l'hérésie albigeoise. On pense bien entendu à son *Dante* - il assimilait déjà la Dame des troubadours à une figure voilée de l'Eglise d'Amour des Albigeois - et à son autre ouvrage, *Les Mystères de la chevalerie et de l'amour platonique au Moyen Age* (1858).

Au contraire d'Eugène Aroux, Arcade d'Orient Vial, né à Perpignan vers 1790 et décédé à Paris en 1877, fut un farouche opposant au socialisme, comme le démontrent ses imposants et huit volumes de *L'Accomplissement des Prophéties* (1847-1857). Auteur d'autres ouvrages, notamment sur la philosophie, la linguistique, la théologie, les sciences physiques, ou encore sur la poésie et la prophétie, il annonça entre autres que les juifs seraient un jour rétablis en Palestine. Cet érudit autodidacte qui maîtrisait plusieurs langues, mortes ou vivantes, se fit aussi remarquer (sans pour autant remettre en cause sa foi catholique) en publiant en 1846 *Des destinées de l'Ame*, un ouvrage qui se voulait réformiste et qui visait à faire admettre à l'orthodoxie chrétienne, en s'appuyant sur la bible et les Pères de l'Eglise, la doctrine de la Réincarnation. Nonobstant ses franches opinions et les polémiques qui pouvaient en découler, Arcade d'Orient demeura toute sa vie durant intègre avec ses principes spirituels. Firmin Boissin qui l'avait maintes fois approché de près consacra, après le décès de Arcade d'Orient Vial, un chapitre spécial dans son notoire *Excentriques disparus* :

---

[249] Dans *le Messager de Toulouse*, Galtier, *op. cit.*, p. 241.

« L'auteur des *Destinées de l'Ame* avait gagné très honnêtement une fortune dans l'orfèvrerie. On ne s'expliquerait pas sans cela qu'il eut pu éditer à ses frais d'aussi volumineux ouvrages – dont il ne s'est peut-être pas vendu cent exemplaires. Et puis, dans sa vieillesse, l'excentrique mais très respectable vieillard dépensait si peu ! Logique avec ses principes, il était devenu végétarien et vivait en véritable ascète... Il soutenait que l'homme, en mangeant de la viande, s'animalise, se bestialise et s'abrutit. La nourriture vraiment naturelle, ce sont les légumes, les racines, les herbes, les fruits, les céréales et le laitage. Et il n'usait que de ces aliments là – ce qui ne l'empêcha pas de vieillir, puisqu'il est mort à l'âge de 87 ans. Arcade d'Orient aimait beaucoup les pauvres. Dans le quartier Saint-Sulpice, qu'il habitait en dernier lieu, les petites gens le surnommaient l'homme du bon Dieu [250] ».

Notons encore qu'il s'était constitué à Toulouse, à la fin du XIXe siècle, un discret *Institut d'études cabbalistiques* de Louis Lechartier (1853-1912), dans lequel on notait la présence du spiritain Marc Voetgli (1853-1930), professeur au collège de Castelnaudary, puis celle de l'érudit ecclésiastique Henri Laffon-Maydieu (1845-1913) de Castelnaudary, un membre de l'Union apostolique des prêtres du Sacré-Cœur [251], ou encore de Jules Doinel. Mais c'est la venue dans la capitale du Languedoc, au début du XXe siècle, d'un jeune américain de New York de 26 ans répondant du nom de Harvey Spencer Lewis (1883-1939) pour y recevoir l'initiation rosicrucienne qui devait, par la suite, soulever bien des commentaires et controverses.

---

[250] *Excentriques disparus*, voir chapitre : « Arcade d'Orient Vial », pp. 89-97 (Référé par Galtier).
[251] M. F. James fait part (au conditionnel) de la présence de Jules Doinel et de Léo Taxil (1854-1907) à l'Institut de Lechartier. Pour tous ces noms, voir M. F . James, *op. cit.*

CHAPITRE IX

Harvey Spencer Lewis à Toulouse
L'homme de l'ombre Jules Bois

Que venait chercher Harvey Spencer Lewis à Toulouse, un certain août 1909 ? Laissons la parole à Serge Caillet :

« Vers 1850, le vicomte de Lapasse passe pour avoir constitué à Toulouse un cercle rosicrucien, en filiation réelle ou controuvée avec Balsamo-Cagliostro justement. Du cercle des Hermétistes toulousains, amical et fraternel, Péladan se réclamera lors du lancement de sa Rose-Croix catholique, nous l'avons vu aussi. Rien de bien étonnant donc à ce que Spencer Lewis soit venu chercher à Toulouse une survivance rosicrucienne ou qu'on l'ait orienté vers la ville mystique pour venir l'y chercher [252] ».

Sans aborder l'histoire de son initiation au Donjon du Capitole, d'ailleurs Spencer Lewis se chargea personnellement d'en narrer les singuliers évènements [253], il allait constituer en 1915, à New York, , un mouvement rosicrucien, connu sous le sigle de l'A.M.O.R.C. (Ancien et Mystique Ordre de la Rose-Croix). Sur son fondateur, l'*Imperator* Spencer Lewis, et sa florissante société initiatique internationale qui se prévalait par la suite d'un nombre important d'adeptes, l'historien romain, le Dr

---

[252] Caillet, *op. cit.*, p. 87.
[253] *Le Voyage d'un Pèlerin vers l'Est*, aux Editions rosicruciennes.

Massimo Introvigne, relevait l'essentiel en concluant sans aucune équivoque ce qui suit :

« Cet homme, qui n'est pas toujours particulièrement original comme occultiste, a inventé le mouvement magique de masse, mettant au service de la magie initiatique les techniques de prosélytisme élaborées par certains nouveaux mouvements religieux et même par la publicité commerciale et la vente par correspondance. Pour avoir transformé l'initiation - par définition réservé au petit nombre – en un phénomène de masse, Lewis n'a pas manqué de s'attirer de vives critiques : toutefois, à la différence d'autres fondateurs de groupes américains, Lewis a gardé pendant des années des relations organiques avec les maîtres de l'occultisme européen [254] (comme le prouve l'histoire de la FUDOSI), et son mouvement a su s'implanter assez bien en Europe, surtout dans les pays francophones [255] ».

Tout comme le « Lectorium Rosicrucianum » (entre autres), le mouvement de Spencer Lewis faisait remonter ses origines à Rosenkreutz, voire même jusqu'à l'antique Egypte d'Akhenaton. Néanmoins, en mars 2003, l'archiviste de l'AMORC française Christian Rebisse *alias* Dominique Clairembault relativisait cette généalogie (c'est peut-être une première !) dans son ouvrage *Rose-Croix - histoire et mystères* en s'appuyant sur ce qu'il pense être une valeur sûr dans l'historiographie de l'ésotérisme, en l'occurrence Antoine Faivre :

« Lors d'un colloque sur le légendaire initiatique, Antoine Faivre soulignait l'importance du mythe dans la fondation

---

[254] Grâce aux contacts qu'il avait su établir et à partir des documents qu'il avait réussi à recueillir de tous côtés, Lewis parvint à constituer son mouvement. Galtier, *op. cit.,* p. 356.
[255] Massimo Introvigne in *La Magie, les nouveaux mouvements magiques*, p. 132.

des mouvements ésotériques. Pour lui, la présence d'une légende fondatrice constitue en quelque sorte l'un des critères d'authenticité des ordres traditionnels. Le récit fondateur du rosicrucianisme, celui du voyage de Christian Rosenkreutz en Orient, tout comme celui de la découverte de la tombe d'Hermès Trismégiste, appartiennent à cette catégorie, et il pourrait en être de même du récit de l'initiation d'Harvey Spencer Lewis [256] ».

Revenons derechef sur cette Rose-Croix toulousaine ou plus exactement sur la filiation toulousaine de Lewis, en nous référant à Serge Caillet, principalement à sa préface à l'ouvrage (tendancieusement malveillant, tout de même !) de Robert Vanloo :

« Surtout, la question de la prétendue filiation toulousaine de Lewis, et de ses relations avec les sârs de la Rose-Croix en Europe, est aujourd'hui tranchée. Le dossier, que j'avais ouvert en 1986, s'est enrichi de nouvelles pièces que j'ai produites en 1995. Il en ressort que Lewis n'a pas reçu d'initiation réputée rosicrucienne, à Toulouse, en 1909, et qu'il n'a pas non plus été mandaté par un ordre de la Rose-Croix de France, pour fonder l'A.M.O.R.C. aux Etats-Unis, en 1915. D'ailleurs un procès verbal de la F.U.D.O.S.I l'atteste, où il en fit l'aveu [257] ».

Si la venue de Lewis dans le Capitoulat est attestée, on pouvait toutefois, de la part de l'archiviste de l'AMORC, s'attendre à plus d'informations sur son passage à Toulouse, en dépit de quelques menus et intéressants détails de l'auteur sur certains personnages énigmatiques qu'il pouvait avoir côtoyé, tel Clovis Lassalle (1864-1937)

---

[256] Rebisse, *op. cit.,* p. 70.
[257] Robert Vanloo in *Les Roses-Croix du Nouveau Monde,* p. 15, Claire Vigne Editrice, Paris, 1996.

[258], etc. Sans pour autant verser dans l'irrévérence, ni par ailleurs chercher à discréditer l'AMORC, (la tâche d'un historien demeurera toujours ingrate !), des lacunes subsistent néanmoins sur l'origine et les circonstances qui ont amené Lewis à se faire initier dans la ville rose. A partir de ce navrant constat, et faute d'éléments plus substantiels, nous oserions suggérer une théorie, qui demandera certes appuis et vérifications (dans la mesure du possible), et selon laquelle un certain méridional de la Belle-Epoque, en l'occurrence Jules Bois, a pu avoir un rôle dans l'aventure initiatique de Lewis à Toulouse, voire dans le début de l'AMORC.

Jules Bois

À qui pense-t-on lorsque l'on évoque le militant féministe, l'écrivain, le poète, le reporter de l'occultisme, le journaliste et le diplomate ? Seuls les passionnés des Sciences Occultes, assez minoritaires dans ce monde de folie, répondraient sans l'ombre d'un doute « JULES BOIS », puisque la vie offrit à ce dernier le privilège d'occuper, durant la période fascinante de la Belle-Epoque, le devant de la scène ésotérique parisienne. Certes, si ses nombreuses publications, son métier de journalisme, ainsi que ses relations diverses lui permirent d'être facilement connu, il n'acquiert pas cependant la notoriété d'un Papus – de son vrai nom Gérard Encausse (1865-1916) - . On pourrait même surenchérir en affirmant que de nos jours Jules Bois est presque oublié, alors que l'extraverti Gérard Encausse, le grand jupitérien, l'organisateur talentueux de maintes sociétés initiatiques ou le grand vulgarisateur des Sciences Esotériques, dont

---

[258] Rebisse insiste (à deux reprises) sur le fait que le photographe Clovis Lassale eut l'occasion de rencontrer plusieurs fois Firmin Boissin, *op. cit.*, p. 244 et 297. L'allusion de sa citation semble évidente, à défaut d'en dire (pour l'instant peut-être) concrètement plus.

on a pu dire par une certaine et parfois discutable comparaison analogique qu'il fut le Balzac de l'occultisme, demeure encore à l'aube de ce XXIe siècle dans l'esprit de bon nombre d'ésotéristes sous son nom de Papus.

Néanmoins, arrêtons là cette comparaison qui, dans le fond comme dans la forme, s'avère bien futile. A chacun sa vie, sa personnalité, ses épreuves ou ses déboires, sa notoriété ou son anonymat. Mais qu'on se le dise, Jules Bois fut présent partout et côtoya pratiquement tous les ésotéristes de l'époque. Autrement dit, qu'on le veuille ou non, son nom dans ce renouveau de l'occultisme de la fin du XIXe siècle et du début du XXe siècle figure bien dans le patrimoine des annales de l'occultisme français. En fait foi la récente et première biographie consacrée sur cet éclectique personnage, *Jules Bois (1868-1943) le reporter de l'occultisme, le poète et le féministe de la belle époque* [259].

Esquissons en quelques lignes la période occultiste de Jules Bois, tout en négligeant, pour respecter le contexte de cet ouvrage, quelques aspects de sa vie, celui par exemple du poète, de l'homme de théâtre, de l'ardent et respectable défenseur de la condition féministe (n'en déplaise à cette hideuse forme de misogynie si profondément ancrée), celui du littérateur accompli et du chroniqueur hors pair qu'il fut.

Le parcours initiatique de Jules Bois

A l'aube de sa vingtième année, alors qu'il venait de se faire enrôler à Paris par le notoire parnassien et le recruteur des journaux parisiens Catulle Mendès (1841-1909), Jules Bois, qui avait depuis son enfance un attrait

---

[259] Aux Editions Arqua, 29 boulevard de la Lise, 13012 Marseille. Jules Bois est né à Marseille le 29 septembre 1868.

marquant pour le mysticisme et l'occultisme, s'introduisit sans peine dans les conventicules ésotériques de la capitale. Ce fut d'abord dans le cénacle de la duchesse de Pomar où l'on prêchait, sur fond de christianisme ésotérique, une forme de messianisme féminin. A cette fin, la revue *L'Aurore du jour nouveau* (1886-1895) avait pris naissance et s'assura de la précieuse collaboration d'Anna Bonus Kingsford (1846-1888) et d'Edouard Maitland (1824-1897), auteurs notamment de *The Virgin of the World* (La Vierge du Monde), d'Edouard Schuré, de René Caillié, d'Albert Jounet et du chanoine dissident Paul Roca, pour ne citer qu'eux. On discutait aussi de gnosticisme et l'on pratiquait volontiers le spiritisme (on se souvient de la singulière aventure de Jules Doinel [260]).

En mai 1889, Jules Bois prend part aux activités de la naissante « Fraternité de l'Etoile » d'Albert Jounet. Cet ordre mystique laïque qui prônait une kabbale messianique, un socialisme chrétien et expérimental [261], s'était doté, en mars 1889, d'une revue mensuelle, *L'Etoile*, qui s'assura de la solide participation de Jules Bois, auteur (entre autres) d'une longue série d'articles intitulée *Psychologie de l'Occultisme*. Se joignait à cette louable entreprise le spirite et occultiste René Caillié (1831-1896) et le languedocien abbé Roca (1830-1893), fondateur dans les Pyrénées-Orientales d'une feuille populaire *L'Anticlérical roussillonnais* (1890-1891) consacrée à la doctrine socialiste, à la diffusion de sa conception de l'évangile et à l'explication des dogmes chrétiens à la lumière de la Cabale [262].

---

[260] Voir le premier chapitre de cet ouvrage.
[261] Pour se faire une idée précise de ce cénacle composé en quatre degrés, voir les statuts du dit ordre *in Jules Bois (1868-1943)* aux Editions Arqa, *op. cit.*, pp. 63-67.
[262] Pour la citation, Marie-France-James, *op. cit.*, p. 230. Notons cependant que Roca fut un piètre kabbaliste, faisant parfois de confusions regrettables sur les Sephiroth de l'arbre de vie.

En parallèle, il se lie d'amitié avec Joris-Karl Huysmans (1848-1907). Il est vrai que cet atypique personnage qui avait déjà à l'époque sa place dans le monde de la littérature - d'ailleurs ses ouvrages et ses nombreux articles au contenu parfois assez âpre, volontairement polémiques vis-à-vis de la société, avaient plus d'une fois scandalisé la presse - fut un temps attiré par les phénomènes occultes. Il est certain que dans le Paris de la Belle Epoque les conditions étaient idéales pour ceux avides de toutes ces singulières expériences, d'autant plus que le spiritisme était à cette période en grande vogue. Huysmans se prêta ainsi volontiers à quelques séances spirites avec notamment le poète Edouard Dubus (1861-1897), mais se convaincra bientôt que les spirites, comme il l'écrira dans *Là-Bas*, se meuvent sans le savoir dans le diabolisme. Avant d'en arriver à cette piquante conclusion, Huysmans avait tout de même fréquenté le milieu sataniste. On serait alors tenté d'affirmer qu'il savait de quoi il parlait. Quoiqu'il en soit, une précision de taille s'impose en ce qui le concerne : plutôt qu'un « sataniste », il fut un romancier fasciné par le morbide et l'occulte. Huysmans qui avait en tête d'écrire un roman sur le satanisme fut au départ de son enquête guidé par l'occultiste Berthe Couturière (1852-1917), elle-même amante de son confrère écrivain, érudit agnostique, Rémy de Gourmont (1858-1915). C'est dans ce contexte ou climat bien particulier que Jules Bois rencontra Huysmans, d'autant plus qu'il se spécialisa, lui aussi, dans le satanisme, afin d'en rapporter dans son futur ouvrage, *Le Satanisme et la Magie* (1895), une enquête minutieuse[263].

---

[263] *Le Satanisme et la Magie* de Jules Bois fut préfaçé par Husymans.

Des articles élogieux au service des occultistes parisiens

En février 1890, un entrefilet de Jules Bois dans la revue *L'Etoile* fait part élogieusement de la première conférence du « Groupe Indépendant d'Etudes Esotériques », tenue le 18 décembre 1889 au 44 de la rue de Turbigo, sous la présidence de Papus et devant un auditoire de magnétiseurs, de spirites, de théosophes, d'alchimistes, etc. Etaient présents, selon Jules Bois qui en signala par élitisme quelques uns : Anna de Wolska, la compagne pour un temps de Papus ; Stanislas de Guaita, le récent fondateur de l'Ordre Kabbalistique de la Rose-Croix (1888); Gary de Lacroze (1867-19 ?), qui se rallia activement à la Rose-Croix Catholique de Péladan ; l'astrologue Ely Star *alias* Eugène Jacob (1847-1942), ami de Jules Bois et futur Hiérophante de la Loge parisienne « Ahathöor » de l' « Hermetic Order of the Golden Dawn » (Ordre Hermétique de l'Aube Dorée) ...

Le mois suivant, Jules Bois surenchérit dans la célèbre *Revue Politique et Littéraire* [264], dirigée alors par le futur ministre de l'Instruction publique, Monsieur Albert Rambaud (1842-1905). En effet, en brossant (sous la bienveillante attention de Huysmans) un long article très remarqué sur la récente disparition de Villiers de L'Isle-Adam (1838-1889) [265], Jules Bois en profita pour insérer dans cette revue à fort tirage un long et élogieux descriptif sur les écoles modernes de l'occultisme ou leurs représentants : *L'Etoile* d'Albert Jhouney, *L'Aurore* de Mme la Duchesse de Pomar, *L'Initiation* du docte Papus,

---

[264] Et sous titrée *Revue Bleue*.
[265] Article intitulé *Villiers de L'Isle-Adam et l'occultisme moderne*. Jules Bois fit également une longue présentation de la dernière œuvre considérable, hélas posthume, de cet écrivain d'exception, *Axel* dont le drame fut scindé quatre parties : Le monde religieux, tragique, occulte et passionnel.

le Kabbaliste Ely Star et les poètes martinistes Emile Goudeau (1849-1906) et Stanislas de Guaita, sans omettre le père de la Synarchie, Saint-Yves d'Alveydre (1842-1909). Cette gratifiante promotion fut sans doute très appréciée par Papus et ses émules, soucieux qu'ils étaient alors d'étendre à grande échelle leur Groupe Indépendant d'Etudes Esotériques [266]. D'ailleurs Jules Bois ne fut-il pas en retour initié au grade de Supérieur Inconnu de l'Ordre Martiniste de Papus ? Tout comme au demeurant la cantatrice Emma Calvé que Jules Bois rencontra probablement à la librairie du théosophe Edmond Bailly (1850-1916), là où était mis en dépôt la revue *L'Etoile*. Cette librairie, à l'enseigne bien connu de « Librairie de l'Art Indépendant », fut le lieu de rassemblement favori d'une bonne partie du Paris littéraire et artistique, ainsi que des occultistes de tous bords. S'y retrouvaient Huysmans ; l'helléniste Louis Ménard (1822-1901) ; Edouard Schuré ; les musiciens Erik Satie et Claude Debussy (1862-1941) ; Joséphin Péladan ; le comte Antoine de La Rochefoucauld (1858-1959), futur mécène du Salon de la Rose-Croix ; Elémir Bourges (1852-1925)...

L'année 1893 demeure incontestablement une date mémorable dans les annales de l'occultisme français. L'allusion ne devrait d'ailleurs pas susciter d'objection majeure chez les amoureux des petites histoires étranges, puisqu'elle concerne la triste, un peu grotesque aussi, affaire « Boullan ». Les articles à pétards de Jules Bois, comme disait de Guaita, défrayèrent la chronique parisienne et rendirent populaire le combat du Carmel de Lyon de l'abbé Boullan et de la Rose-Croix parisienne. En fait, le roman *Là-bas* de Huysmans fut le détonateur de

---

[266] Ce groupe allait connaître un essor prodigieux, au même titre que le martinisme, ainsi que leurs revues, telles *L'Initiation* et *Le Voile d'Isis*.

cette histoire. Ce dernier, qui, comme nous le savons, s'était intéressé à la démonologie en vue de son roman *Là-Bas,* ne jugeait pas suffisante sa documentation sur la sorcellerie et finit par s'adresser à un prêtre apostat natif du Tarn-et-Garonne (il fut ordonné à Montauban en 1848), l'abbé Joseph-François Boullan (1824-1893). Sans nous étendre sur cette affaire que nous avons déjà amplement détaillée [267], relevons que Guaita et son groupe rosicrucien accusèrent Boullan de « sorcier ou fauteur d'une secte immonde » et envoyèrent à ce dernier une lettre de sentence. En revanche, Boullan tomba dans une paranoïa totale et naturellement accusa inconsidérément de Guaita et les mages parisiens de l'envoûter, avant de décéder subitement. Jules Bois et Huysmans soutinrent bien entendu la version de Boullan et l'explication finale se termina au pré, dans un duel au pistolet entre Jules Bois et Stanislas de Guaita, et un duel à l'épée entre Papus et Jules Bois. L'affaire Boullan s'arrêta là et Jules Bois et Papus se serrèrent la main et oublièrent bien vite cet incident.

Après l'affaire Boullan, Jules Bois se désolidarise de *L'Etoile* pour fonder, avec l'aide d'Antoine de La Rochefoucauld - qui venait de se séparer de Péladan - une revue d'art ésotérisante intitulée *Le Cœur* (1893-1895) et dans laquelle nous pouvons trouver un lumineux frontispice de La Rochefoucaud, *La Bonne déesse initie le Berger*, qui pourrait être éventuellement rapproché par les inconditionnels de Rennes-le-Château, grâce à une certaine ressemblance allégorique ou symbolique, de l'œuvre du peintre Nicolas Poussin : « Les Bergers

---

[267] Le couard Oswald Wirth - qui n'en était pas à une près, certains auteurs pensent à raison qu'il avait aussi semé la zizanie entre Péladan et de Guaita - passa au travers de cette histoire, jusqu'au jour où Wirth (1860-1943) finit par faire en 1921 amende honorable, un peu tardivement certes, puisque Jules Bois vivait à New-York, Papus, Guaita et Husymans, eux, étaient décédés. Pour l'affaire Boullan, voir *Jules Bois*, éditions Arqa, pp. 119-148.

d'Arcadie ». Y collaboraient ; Huysmans, Edouard Schuré, Emile Bernard (1868-1941), le peintre et fondateur du symbolisme synthétique, l'homme de lettres et ésotériste le comte Léonce de Larmandie, etc. La thématique de cette revue regroupa aussi plusieurs résumés d'un cours d'occultisme que professait alors Jules Bois à la Salle des Capucines.

En 1894, Jules Bois fait paraître son premier ouvrage sur l'histoire de l'occultisme de la Belle Epoque, *Les petites religions de Paris*, dans laquelle sont consignés, hormis les groupes de la mouvance de Papus (pour l'instant), les derniers païens, à l'image de l'helléniste Louis Ménard, les écoles swedenborgiennes, notamment de Louis-Alphonse Cahagnet (1805-1885), les groupes théosophiques de Arthur Arnould (1833-1895), les néo-gnostiques de Jules Doinel, président (selon le qualificatif de Bois) du Saint-Synode des Parfaits et des Purs…

En 1895, *La magie et le Satanisme* de Jules Bois voit le jour, ouvrage qui contiendra en appendice, cela mérite d'être souligné, la première traduction française du Livre IV de la *Philosophie Occulte* de Cornélius Agrippa [268]. Alors que cet ouvrage semblait être promis à un brillant avenir, puisqu'il venait de connaître en 1896 une seconde édition, il fut tout bonnement mis à l'index par le Vatican, par décret du 21 août 1896. Parallèlement, Emma Calvé entre en contact à New York avec le Swami Vivekananda (1863-1902) et se laisse séduire par sa philosophie orientale, tout comme le fut son amant Jules Bois, et qui s'affichera désormais comme le porte-parole du maître hindou, dit le « Saint-Paul de l'hindouisme ».

En septembre 1897, on relève la présence de Jules Bois au Congrès de l'Humanité. Il est certain que Bois avait mis la

---

[268] Traduit du latin par Jules Bois.

main à la pâte en faisant partie du comité provisoire aux côtés, entre autres, de l'occultiste Barlet, de Gabriel Delanne (1857-1926), un des spirites les plus célèbre de son temps, de Georges Martin (1844-1916), personnage bien connu pour sa lutte pour l'émancipation des femmes et surtout pour avoir secondé Maria Deraisme (1828-1894) à la fondation du Droit Humain, un ordre maçonnique mixte. Par ailleurs, il se sensibilise à la grande enquête menée par l'hermétiste François Jollivet-Castellot (1874-1937). Ce dernier, qui était désireux d'établir une enquête impartiale sur l' « Hermétisme populaire », sollicita dans sa revue *L'Hyperchimie* l'avis des maîtres les plus autorisés de l'occultisme et de la Théosophie. Jules Bois y livra ses pensées en faisant par ailleurs l'éloge de la religion universelle de Vivekananda.

L'Ordre Hermétique de l'Aube Dorée

Nous connaissons, en nous référant bien entendu à la biographie de Jules Bois [269], ses accointances avec le milieu du théâtre ; pourtant, il est utile de signaler cette représentation des plus singulières au théâtre de la Bodinière, « La Messe d'Isis », que le journaliste allait rendre populaire. En fait, cette représentation néo-isiaque de Mathers était la résurrection d'une cérémonie ésotérique et se fondait, d'une certaine manière, sur l'un des cursus rituéliques et initiatiques de l'Hermetic Order of the Golden Dawn. Jules Bois, qui connaissait bien Mathers, demanda par la suite son entrée au temple Ahathoör où il fut reçu néophyte avec pour devise mystique *Poeta Vates*.

Ce coup d'éclat de Jules Bois était loin d'être anodin pour Samuel Liddel Mathers, dit Mac Gregor Mathers (1854-1918), le représentant de l'Ordre Hermétique de L'Aube

---

[269] *Op. cit.*

Dorée qui, cela dit en passant, devait être fort satisfait de cette excellente publicité. Un cursif retour historique s'impose pour dire que la Golden Dawn fut fondée en 1888 par trois francs-maçons éminents : Samuel Liddel Mathers, le théosophe William Wynn Westcott (1848-1925) et le médecin William Robert Woodman (1828-1891), le « suprême Mage » de la Societas Rosicruciana in Anglia (S.R.I.A.). Bien évidemment, les spécialistes de cette littérature particulière n'ignorent pas que le cursus doctrinal de la G. D. trouvait son origine dans ces fameux « manuscrits codés ou chiffrés » que Wescott, un expert en littérature occulte, avait réussi avec Mathers à décrypter. En fait, ces manuscrits donnèrent aux adeptes qui possédaient la clef de leur signification occulte la possibilité de fonder l'Ordre Extérieur de l'Aube Dorée, avec l'approbation des chefs du Deuxième Ordre, principalement de cette énigmatique adepte, Anna Fräulen Sprengel, de Nuremberg, présumée Rose-Croix de haut grade. Nombre d'auteurs se sont penchés sur cette mystérieuse Anna Sprengel, comme, entre autres, Nicolas Tereshenko (décédé vers 2000) qui en 1992 était convaincu que cette dernière n'était pas une personne, mais le nom sous lequel les membres dirigeants d'une loge allemande communiquaient avec la ou les personnes auteurs de ce manuscrit chiffré. Toutefois, nous savons aujourd'hui que le libraire anglais R. A. Gilbert a récemment découvert l'identité de cette mystérieuse Anna Sprengel, qui n'était autre qu'Anna Kingsford.

Son premier temple, donc la Loge-Mère de la G. D., « Isis-Urania », fut consacré à Londres en mars 1888, puis une branche continentale sera fixée en France le 9 décembre 1893 sous le nom de « Isis-Urania n°3 » (Edouard Schuré y fut probablement initié) et deviendra autonome sous le nom de d'« Ahathoör n°7 ». Quelques rares noms bien connus de l'occultisme français y furent initiés : Papus qui reçut le grade introductoire de

Néophyte, mais se désintéressa rapidement de la doctrine spécifique de la G. D. - influence imputée probablement à son maître spirituel, Nizier Anthelme, dit Maître Philippe de Lyon (1849-1905) ; Ely Star, promu pour six mois Hiérophante francophone du Temple de Paris ; son épouse Maria Star.

En revanche, on peut se demander si Jules Bois fut un réel adepte ou un pratiquant assidu de la G. D., en dépit de son opinion « réaliste » écrite dans l'*Isis Moderne*, une revue des sciences nouvelles publiée par Edmond Bailly. Il énonçait que « Mathers était un de ces grands et sérieux kabbalistes et ne peut être comparé à cet occultiste (parisien) à la mode, artificiel, qui glose de talismans, invente des diplômes kabbalistiques, se targue d'une science qui se repose sur la naïveté de ceux qui y croient [270] ». À ce jour, rien ne nous autorise à le croire, puisque aucun des écrits de Jules Bois, tout au moins en France, ne mentionnent une connaissance spécifique de l'Ordre, tant dans la partie spéculative qu'opérative. D'ailleurs son penchant à l'époque pour les enseignements de Vivekananda, son long voyage en Inde et sa conversion fracassante en 1901 dans le giron de l'Eglise catholique n'y aidant pas, nous nous garderons à défaut de preuves tangibles (jusqu'à preuve du contraire) d'en faire un haut initié de l'Ordre Hermétique de l'Aube Dorée.

De retour à Paris, après ses multiples péripéties en Inde où il faillit notamment perdre la vie et son audience privée au Vatican avec le Pape Léon XIII, Jules Bois sort *Le Monde Invisible* (1902), qui est en fait un véritable réquisitoire contre les occultistes « papusiens », les théosophes et les spirites, une façon de tirer un trait sur ce en quoi il ne croit plus [271]. Le tout début de l'année 1903, le 6 janvier donc,

---

[270] Jules Bois, *op. cit.*, p. 177.
[271] Une petite parenthèse, celle-ci a son importance, pour signaler l'excellente remarque d'Alain Santacreu qui affirmait il y a quelques

le *New York Times* annonçait le mariage de Jules Bois avec la cantatrice Emma Calvé. Cela ne se fit pas. A partir de 1905, Jules Bois entame sa dense et longue collaboration avec *Les Annales Politiques et Littéraires* d'Adolphe Brisson (1860-1925), puis est par ailleurs décoré le 16 février 1906, au titre du Ministère de l'Instruction publique, des Beaux-arts et des Cultes, « Chevalier de la Légion d'Honneur », tout comme le fut son ami et collègue de la « Société des Gens de Lettres » Maurice Leblanc. En parallèle Jules Bois publie *Le Miracle moderne* (1907), un ouvrage qui se veut épistémologique, à l'image des trois précurseurs de la métapsychique en France : le Dr Charles Richet (1850-1935), ami de Jules Bois et Président en 1905 de la *Society for Psychical Research* de Londres ; le Dr Hyppolite Baraduc (1850-1902) ; le lieutenant-colonel Albert de Rochas d'Aiglun (1837-1914).

En service commandé

On est bien loin de l'exalté Jules Bois, de ses états d'âmes et de ses juvéniles et mémorables impulsivités. La quarantaine passée, Jules Bois vit aux contacts des mondanités, spécule parfois en « Bourse », mais demeure toujours un homme de terrain. Le reporter de l'occultisme s'éclipse peu à peu pour faire place au reporter de la politique de la nation ou de la France. Pleinement intégré dans le giron politique [272], haut lieu en couleur du patriotisme français, Jules Bois se voit dès lors confier des missions diplomatiques en Espagne et aux Etats-Unis, tout

---

années que Jules Bois fut sans concession le premier à dénoncer, donc bien avant René Guénon, l'erreur spirite et la pseudo-religion théosophique. Voir *Jules Bois, op. cit.,* pp. 214-215.

[272] Dans « l'atelier des presses » du journal l'*Illustration* transformé en salle de conférence, on voyait au premier plan Jean Jaurès (1859-1914) et Jules Bois. Voir la grande photo in *L'Illustration*, journal universel, 1907, pp. 216-217. Voir aussi Jules Bois, *op. cit.,* p. 224.

comme son ami philosophe, Henri Bergson (1859-1941), beau-frère de Mathers et frère bien entendu de Moïna Bergson, dite Mina (1865-1928) [273].

En mai 1915, Jules Bois est envoyé en mission officieuse par le gouvernement de Raymond Poincaré (1860-1934) aux Etats-Unis, à New York. En fait, selon le *New York Times*, Jules Bois fut au service du gouvernement français pour neutraliser la propagande allemande. D'ailleurs Jules Bois avait pris la succession de Gheusi [274] dans la filature de l'aventurier Bolo Pacha. Ce dernier, qui fit la manchette de tous les quotidiens de l'époque fut arrêté le 29 septembre 1917 et écroué sous l'inculpation d'intelligence avec l'ennemi, puis exécuté le 17 avril 1918. Néanmoins, dans l'hexagone, le milieu littéraire se demandait ce que devenait Jules Bois. En 1922, ce dernier dut même démentir une rumeur qui le tenait pour mort. L'année suivante, le célèbre quotidien *Comœdia* disait qu'il était en bonne santé, habitait New York, s'occupait de cinéma, de littérature, de théâtre, de conférences, de psychisme et que ses ouvrages se vendaient fort bien. D'ailleurs, un article de mise au point fut publié en 1927 dans la *Revue Mondiale*, date à laquelle Jules Bois revint momentanément en France, durant la présidence de Raymond Poincaré et d'Aristide Briand (1862-1932). Dans cet article intitulé *Un Fidèle Missionnaire de la France*, on y fit l'éloge du propagandisme zélé de Jules Bois et de son patriotisme envers son pays.

De retour, en 1928, dans sa lointaine Amérique, il demande à Aristide Briand de faire parvenir des documents autrement que par la valise... En 1929, il

---

[273] Moïna Bergson épousa en juin 1890 Mathers.
[274] Une digression pour signaler l'admiration de Gheusi envers la cantatrice Emma Calvé, *Cinquante ans de Paris, mémoires d'un témoin* de Gheusi, pp. 78-79, 89, 123. Pour Bolo Pacha, *idem*, pp. 189-196, 206, 370-372, 377, 388-391, 447.

représente la France au « Neuvième Congrès International de Psychologie » à Yale University, puis le 1er août de la même année, Bois est, au titre du Ministère des Affaires Étrangères, promu Officier de la Légion d'Honneur. Le 20 juillet 1939, l'année même où il fut rédacteur en chef de la revue franco-américaine *Le Messager de New York*, Jules Bois reçoit une lettre d'encouragement de l'Archevêché de Paris, du Légat du Pape en personne, à savoir le Cardinal Jean Verdier (1864-1940). Il est vrai, pour information, qu'il se dévoua corps et âme des années durant, pour l'expansion de la religion catholique aux Etats-Unis et en faveur de son Eminence Mgr Maglione. En 1940, Jules Bois est indisposé par une longue maladie, mais se consacre tout de même à un ouvrage qui ne verra, hélas, jamais le jour, *La Psychologie des Saints* ; en effet, un cancer devait l'emporter le 2 juillet 1943 à l'hôpital français de New York. Le 3 juillet 1943, le *New York Times* fit paraître un article nécrologique sur le poète, le littérateur accompli, le féministe, le psychologue et -insisterons-nous- le mystique, car c'est ainsi qu'il mourut, avec peut-être cette intensité et cette perception plus profonde de sa propre psychologie, celle de sa Foi et de Dieu. Le service funèbre eut lieu le 5 juillet à Corpus Christi Church, 529 West 121st Street.

Jules Bois et l'AMORC, essai sur un lien hypothétique

Quelques historiens se sont demandés si Jules Bois (voire Emma Calvé) n'avait pas joué un rôle dans le début de l'AMORC, tels Jacques Duchaussoy [275] et Gérard Galtier. Il est vrai que quelques coïncidences, quoiqu'on en dise, interpellent le chercheur. Spencer Lewis, qui place l'origine de la filiation de son Ordre rosicrucien en France, affirmait dans *Histoire complète de l'Ordre de la Rose-*

---

[275] Jacques Duchaussoy in *Mystère et Mission des Rose-Croix*, p. 28, Editions du Rocher, 1981.

Croix que certains dignitaires rosicruciens de France vinrent en Amérique rendre visite à l'AMORC, dans les années de sa fondation. Or, comme l'écrivait à juste raison Galtier, deux imposantes personnalités françaises du monde de l'ésotérisme, étaient à cette époque précise à New York : Jules Bois et Emma Calvé. Pour le cas de cette dernière, Jacques Duchaussoy laissait entendre qu'il y eut peut-être des contacts entre la cantatrice - alors en tournée patriotique en Amérique, de décembre 1914 jusqu'en juin 1916 - et l'AMORC. D'autres associaient Emma Calvé à l'étrange Mme Banks-Stacey, la cofondatrice de l'AMORC et une « descendante d'Olivier Cromwell et des d'Arcys de France ». Il semblerait toutefois, à la lecture de cette nouvelle et peut-être inédite petite biographie de Rebisse sur cette dame assez méconnue (jusqu'à présent), qu'il n'en fut rien, en dépit de certaines similitudes assez étonnantes entre Emma Calvé et May Banks-Stacey (1846-1919) : par exemple qu'elles furent à New York et pendant la même période (1894-1896) toutes deux disciples de Vivekananda, qu'elles voyagèrent beaucoup et fréquentèrent les mêmes pays, l'Inde, l'Egypte, l'Australie, le Japon, la Chine... Au passage, ne résistons pas à relever un court extrait de cette succulente et humoristique prose, insérée dans la revue *Imagine* du mouvement rosicrucien « Cénacle de la Rose-Croix » [276] :

« C'est incontestablement sur les traces de Sâr Mérodack que vous partez en vous rendant à Toulouse. Vous verrez que vous y viendrez à ces appellations puériles. - Sâr Mérodack, s'esclaffa l'abbé Saunière, pourquoi pas Sâr Perlipopette ou Sâr Cophage. La blague à la mode dans les salons huppés de la capitale n'est-elle pas de se demander si la Sâr dîne à l'huile ou à la bougie ? Emma et Bérenger pouffèrent de rire devant un Achessel qui, visiblement,

---

[276] S.E.T.I. Cénacle de la Rose-Croix B. P. 374 Limoges Cédex 1.

n'avait pas suivi la moindre virgule du verbiage du truculent curé ».

« - Ce serait trop long à vous expliquer cher Ami et sans aucune importance. Retenez tout simplement en souvenir de ce moment d'hilarité que, si, un jour, il vous fallait opter pour une consonance hermétique d'un Sar quelconque, prenez celui d'Alden. Phonétiquement, il nous rappellera les minutes précieuses que nous prenons ici tous les trois ce soir. Achessel eut le sourire niais de ceux qui comprennent confusément que l'on se moque gentiment d'eux. Il fit un effort pour retenir son nom de guerre ésotérique et se promit in petto de le réutiliser le moment venu en mémoire de cette Emma Calvé qui le surprenait par son savoir et sa grâce... »

« Au plus profond de lui-même, dans un repli inconnu de son cerveau, le Stabat Mater de Pergolèse martelait ses notes magiques ponctuées jusqu'à l'ankylose cérébrale par l'invisible bouche d'une Emma Calvé évanescente dont inconsciemment il venait de tomber amoureux ».

« Achessel tourna et retourna l'ouvrage patiné par les siècles et remercia éperdument celle qu'il ne pourrait jamais oublier et dont il lui fallait trouver un pseudonyme pour ne pas, d'une part la compromettre – c'était une personnalité du monde lyrique – et, d'autre part, pour égarer d'éventuels ésotéristes de pacotille. Il l'appellerait May Banks Stacey, un nom américain dont lui seul saurait que May est une contraction d'Emma et Banks Stacey les initiales de ce brave curé de Rennes-le-Château [277] ».

Pour revenir sur un débat plus prosaïque et le clore aussi, relevons une note intéressante de Gérard Galtier :

---

[277] In *Pégase* n°11, avril/juin 2005, « Propos autour d'un verre de sherry », pp. 29-31.

« Emma Calvé retrouva certainement Jules Bois. Il est possible que Spencer Lewis ait rencontré Emma Calvé, ce qui expliquerait l'origine de certains éléments concernant la région de Millau (où elle possédait le château de Cabrières) dans l'enseignement de l'AMORC et le fait que Claude Debussy (qui était ami d'Emma Calvé et s'intéressait à l'ésotérisme) soit présenté par ce mouvement comme un éminent Rosicrucien [278] ».

Et Jules Bois dans tout cela ? Outre qu'il vint en tant que diplomate et journaliste s'établir à New York à la période où Spencer Lewis fonda son Ordre rosicrucien en 1915, on peut tout de même trouver étrange cette surprenante notice d'Adolphe Brisson, rédacteur en chef de l'un des plus prestigieux journal de l'époque, *Les Annales Politiques et Littéraires*. En effet, dans *L'Illustration Théâtrale* du 13 mars 1909, Brisson faisait savoir que Jules Bois fut élu comte de la Rose-Croix. On peut se demander à bon droit l'intérêt de cette information, d'autant plus que Jules Bois avait dans son *Monde Invisible* (1901) passé très sévèrement en revue tous les occultistes parisiens, surtout Joséphin Péladan que son « auto magnification » irritait. Même si les relations entre Péladan et Bois s'améliorèrent [279], on peut supposer que Léonce de Larmandie, qui était en relation étroite avec le journaliste, lui conféra probablement cette nomination. Mais le plus remarquable dans tout cela c'est que vers cette période précise Spencer

---

[278] Galtier, *op. cit.*, p. 355.
[279] Par exemple Péladan et Bois furent ensemble conviés en 1912 au dîner de *La Revue Hebdomadaire*. Notons la participation de quelques illustres politiciens, tels (entre autres) Paul Doumer (1857-1932), Louis Barthou (1862-1943), Joseph Reinach (1856-1912), de quelques représentants de l'armée, ainsi que des scientifiques à l'image du physisien Edouard Branly (1844-1940), des aristocrates ou des ecclésiastiques comme Mgr Baudrillart (1859-1942), le baron André de Maricourt, partie prenante à l'époque du Hiéron du Val d'or... Voir *Jules Bois, op. cit.*, pp. 249-250.

Lewis interrogea par correspondance le rédacteur d'un journal parisien, au sujet d'une possible survivance rosicrucienne en France.

Une autre hypothèse soulevée notamment par Galtier [280], fort intéressante au demeurant, avançait que Jules Bois se cachait peut-être derrière le masque de « Jerome (sic) T. Verdier » [281]. Il est vrai que ce Verdier, qui maîtrisait bien la langue anglaise (tout comme Jules Bois) et qui passait pour un mage du Suprême Conseil de France à Toulouse, était venu à New York s'enquérir, en septembre 1915, des progrès réalisés par l'Ordre [282]. Enfin, relevons que Spencer Lewis avait relevé dans son ouvrage bien connu, *Le Voyage d'un Pèlerin vers l'Est*, une des phrases du grand maître de la Rose-Croix de Toulouse disant que « Notre secrétaire vous enverra lui-même sous pli scellé, avec la protection du gouvernement français, d'autres documents [283] ». En tenant pour acquis ce troublant aveu, il serait fort étonnant que le reporter de l'occultisme Jules Bois, lui qui travaillait pour le gouvernement français, ne fut pas au courant de cette singulière tractation. Hélas, les éléments ici rapportés seront dans le cadre d'une historicité impartiale jugés tout naturellement insuffisants. Néanmoins, à défauts de preuves tangibles, il était nécessaire de signaler ces quelques coïncidences, peut-être, concordantes. Qui pourrait le certifier ?

---

[280] Galtier, p. 353.
[281] Pseudonyme mentionné par Robert Vanloo, *op. cit.*, p. 113, et qui se réfère à l'*Official Publication Number Two*, AMORC, 1915, p. 10, ou encore (entre autres !) par Serge Caillet et qui se réfère à son tour au *Rosicrucian Documents AMORC*, San Jose, 1975 et 1978. En revanche Rebisse fait dans son livre l'impasse sur ce familier pseudonyme.
[282] Vanloo, *op. cit.*, p. 113.
[283] *Le Voyage d'un Pèlerin vers l'Est*, Ed. Rosicruciennes, p. 26. Ouvrage réédité régulièrement.

CHAPITRE X

Emma Calvé et l'abbé Saunière : mythe ou réalité ?
Bérenger Saunière Martiniste ?
Et Jules Bois ?
Georges Monti
Narbonne : la Babylone

Rien en l'espèce aujourd'hui ne nous permet de clamer haut et fort que Jules Bois et surtout Emma Calvé furent, à l'époque, liés avec Bérenger Saunière. De nombreuses supputations ont pourtant été faites ces dernières années sur ce sujet, à la suite notamment de la publication respective des ouvrages de Gérard de Sède et du roman de Jean-Michel Thibaux, *Les Tentations de l'abbé Saunière* (1986). Il a par exemple été dit et écrit qu'Emma Calvé avait été la maîtresse de Bérenger Saunière. Je l'ai cru un moment (*mea culpa*), surtout parce que le biographe de la châtelaine de Cabrières et président à Millau de l'Association Emma Calvé ne démentait pas l'information [284]. De surcroît, le journaliste Jean Contrucci, auteur de

---

[284] Il s'appuyait en cela sur les théories de Jean-Pierre Monteils, un des premiers auteurs (après bien entendu Gérard de Sède) sur l'histoire de Rennes-le-Château. Voir *Murmures d'Irem* de Philippe Marlin, n°16, année 2005, p. 203, où l'on trouvera en reproduction l'article d'un journal local de Georges Girard, *De Millau à Rennes-Le-Château, Le Rôle occulte d'Emma Calvé dans la mystérieuse histoire de Rennes-Le-Château et de l'abbé Béranger Saunière* (sic pour Bérenger).

Emma Calvé, la diva du siècle (1988), et d'autres encore, tenaient pour acquis cette liaison en passant résolument de la rumeur à l'affirmation catégorique. A partir de cet hasardeux postulat, la conviction prit de l'ampleur chez les lecteurs et bien évidemment chez certains auteurs (anglophones pour quelques uns). Cependant, nombre de chercheurs sérieux dans le domaine de la sauniérologie s'évertuent aujourd'hui à démontrer sans aucune difficulté majeure le caractère absurde d'une telle croyance. Il est vrai que les rares éléments existants de nos jours n'ont rien de probant, surtout en partant du témoignage assez vague d'un villageois qui déclarait qu'il se souvenait d'une belle femme devant le presbytère de Rennes-le-Château, ou encore d'une vignette, découverte dans les affaires de Bérenger Saunière [285], éditée par le chocolat Guérin-Boutron dans la série « Les artistes de l'opéra » et représentant la cantatrice.

En revanche, et en aucun cas, je n'ai été un seul instant convaincu que Bérenger Saunière puisse avoir été occultiste [286]. On a même fait complaisamment entendre que l'abbé Saunière était « martiniste » (depuis les théories de Gérard de Sède), qu'il était monté à Paris où il avait fréquenté la mouvance papusienne ; qu'il avait, par ailleurs, reçu en plusieurs occasions la marquise de Bourg de Bozas, une martiniste et une habituée de Rennes-Le-Château . On n'a bien évidemment jamais pu prouver ces dires, ce qui n'a pas empêché d'autres auteurs de déclarer, à coups de sous-entendus incitatifs, que Saunière allait à Lyon où il aurait été initié « martiniste », à l'instar, encore

---

[285] Il est de nos jours bien connu que Bérenger Saunière était collectionneur de cartes postales, de timbres, de vignettes, etc…
[286] Au contraire du préfacier de l'ouvrage sur Jules Bois, Thierry-Emmanuel Garnier, où il donna succinctement et avec sincérité (une qualité qui mérite une certaine déférence) sa version.

en 2003, d'un chercheur bien connu et controversé [287] dans la littérature fantastique de Rennes-le-Château, en l'occurrence André Douzet. Ce dernier parle même des contacts ou des fréquentations martinistes de l'abbé, notamment avec une figure bien connue de l'ésotérisme, Jean Bricaud. Il suppose par ailleurs que l'Ordre de l'Etoile de l'abbé Roca pouvait avoir une corrélation avec Bugarach, en raison de « son étoile fichée (sic) à son portail » et qui serait pour l'auteur l'emblème de ce mystérieux ordre oublié [288]. Il est presque inutile de dire que les historiens compétents de l'ésotérisme, les occultistes et les martinistes, dédaigneront tout de go les énormités formulées dans le Cahier n°5 de l' « Association Société Périllos » et qui a pour titre alléchant *Rennes-le-Château, l'abbé Saunière et les Sociétés secrètes*. Il serait tout indiqué d'inviter ces « profanes » à compulser attentivement les revues de l'époque, en partant de *L'Initiation* et du *Voile d'Isis* de Papus, puis les *Annales Initiatiques* de Bricaud, *L'Etoile* de René Caillet et d'Albert Jounet, *L'Aurore Nouveau* de la duchesse de Pomar, et ce afin de vérifier si le nom de Bérenger Saunière est évoqué dans les différentes contributions ; il leur faudrait ensuite et surtout saisir et comprendre le sens de cette littérature particulière qui n'a absolument rien avec le sujet qu'ils traitent, compte tenu de ce que l'on sait aujourd'hui de la personnalité de l'abbé Saunière. Cela sans doute ne suffira pas à faire taire les quelques incurables bigots qui, peut-être, finiront par bientôt proclamer que l'abbé Saunière fut Imperator d'un prestigieux Ordre Hermétique de l'Aube Dorée. Il n'y a pas loin ! ! !

---

[287] Voir par exemple l'ouvrage récent de Jean-Luc Robin, *Rennes-le-Château, Le secret de Saunière*, p. 102 et suivant, Editions Sud Ouest, 2005.
[288] Auteur auto-édité, Jonquières, 2003.

Et Jules Bois ?

Le mystère audois alimente toujours bien des phantasmes et insérer Jules Bois, ce Rouletabille du monde de l'occultisme, dans ce scénario du Razès serait pour quelques-uns une ineptie. Pour d'autres, c'est une éventualité alléchante qui reste dans le domaine du possible, d'autant plus que les fréquentations de Jules Bois avec Emma Calvé et Maurice Leblanc avaient de quoi attirer une certaine attention. D'ailleurs, Patrick Ferté ne s'en est point privé pour relier le père d'Arsène Lupin à quelques éminences grises d'une chaîne de sociétés secrètes, comme bien évidemment Jules Bois. Mais la teneur des travaux de l'auteur, fondés sur une simultanéité de faits, ne suffit pas à donner des réponses circonstanciées. Révéler par exemple que Jules Bois chroniqua un ouvrage de Maurice Leblanc ou consacra dans *Les Annales Politiques et Littéraires* de juin 1909 un article élogieux au premier volume des aventures d'Arsène Lupin est une information intéressante. Elle nous apprend que les deux protagonistes étaient proches, mais n'implique en aucune manière que Bois était lié à l'affaire audoise, d'autant plus que le séduisant ouvrage de Ferté sur Maurice Leblanc demeure avant tout conjectural. Là s'arrête la comparaison et la conclusion ensuite ! Un petit clin d'œil pour signaler une coïncidence totalement méconnue jusqu'à ce jour : Jules Bois salua en 1908 *Les Bergers d'Arcadie* de Jean Bertheroy *alias* Berthe Roy de Clotte-Le-Barillier (1868-1927), romancière à succès et auteur par ailleurs, ce qui est fort amusant, d'une publication poétique intitulée *Marie-Madeleine* (1889) [289].

---

[289] « Que Jean Bertheroy me pardonne de ne saluer qu'en passant ses *Bergers d'Arcadie*, qui parlent une belle langue harmonieuse » : Cit., in *Les Annales Politiques et Littéraires* du 6 septembre 1908, n° 1315, p. 227.

Plus prosaïquement, avalisons le fait que les incursions occitanes connues de Jules Bois et qui se situent dans la région la plus proche de Rennes-le-Château se limitent à la ville de Perpignan, lieu où il séjournait en janvier 1899 chez une certaine Mme de Saint-Amand (décédée en 1928) [290].

Le père Hoffet et Georges Monti

Etrange et inquiétant personnage ce Georges Monti ! Il serait difficile de dire le contraire si l'on se réfère aux documents publiés par Gérard de Sède, qu'il reçut ou acquit on ne sait trop comment. Toujours est-il que Georges Monti était né à Toulouse en 1880, rue des Récollets. Ce Georges Monti, dit comte Georges Monti, puis comte Israël Monti et Marcus Vella [291], peut-être enfant naturel d'un prince de Bavière, aurait été agent secret allemand avant la Première Guerre mondiale et agent secret nazi après la guerre. Il aurait fréquenté de nombreuses sociétés secrètes à caractère politique et initiatique : en Allemagne, la Rose-Croix de Bavière dans laquelle il y avait le duc Louis-Guillaume de Bavière-Wittelsbach, et en France le cercle de Péladan, le martinisme ou la mouvance papusienne. Parvint aux plus hauts grade du Rite Ecossaise afin d'en surveiller l'action. S'introduit dans l'Ordre des B'nai B'rith, puis est par ailleurs initié au grade de chevalier-templier de la Sainte Vehme. En relation avec Léon Daudet. Fait en 1900

---

[290] Lettres de Gaston Méry, tamponnée à Paris le 18 janvier 1899, à M. Jules Bois chez Mme de Saint-Amand, Villa des 4 Cazals, Perpignan. Voir *Jules Bois*, Editions Arqa, p.188 et 197.

[291] Selon le fac-similé de Gérard de Sède, *op. cit.*, p. 233. Toutefois, s'il fallait se ranger dans la catégorie des sceptiques, la signature de George Monti (ou supposée telle) insérée au bas de l'illustration ne prouve pas que Monti fut Marcus Vella.

d'étranges connaissances à Toulouse, fréquente les milieux occultes, avec initiation probable aux sociétés cathares et templières. Après la guerre de 1914-1918, Monti habite Paris. Nombreuses relations féminines dans les milieux mondains, dont une princesse roumaine. Georges Monti a tenu les clefs de la Franc-Maçonnerie italienne avant l'arrivée de Mussolini au pouvoir : il sait tout... Monti surveille les anthroposophes de Paris. Il trafique du renseignement et travaille pour les jésuites. Le 21 octobre 1936, il meurt et son corps se couvre de taches noires. Le docteur Savoire accourt aussitôt, examine le cadavre, ne doute pas de l'empoisonnement [292].

Mais que valent ces documents partiellement transcrits par de Sède ? Puisqu'il est pratiquement impossible de les vérifier, d'autant plus que l'auteur n'avait pas jugé utile de les reproduire en fac-similé, se contentant uniquement de les notifier en italique. Autrement dit, nous ignorons si l'origine du contenu écrit ou dactylographié provient de la main même de Hoffet, un prêtre qui était censé d'avoir constitué un dossier à l'encontre de Georges Monti par ordre du Vatican. Se rajoute à ces incertitudes tout un amalgame avec l'affaire audoise, puisque de Sède, pour commencer, et d'autres après, tenaient pour acquis que Saunière était monté à Paris en été 1891 ou en 1893 pour remettre au père Emile Hoffet des parchemins qu'il avait découvert dans son presbytère de Rennes-le-Château. Coupons court à ce pastis indigeste sur Rennes-le-Château et concernant Saunière, Monti (de Sède était convaincu que Saunière avait connu ce dernier) et le père Hoffet. D'abord parce que la montée de Saunière dans la capitale se range dorénavant dans les tiroirs de la falsification et qu'ensuite Hoffet, qui n'était pas encore ordonné, n'était pas en France, au regard des dates émises par de Sède, mais en Lorraine ou en Hollande. Sur Emile Hoffet (qui

---

[292] De Sède, *op. cit.*, pp. 226, 227, 228, 231, 232, 234.

n'a jamais été cryptographe), on peut se référer volontiers aux *Eléments de biographie* de Pierre Jarnac [293].

En tenant uniquement compte des informations biographiques sur Monti - constituées prétendument par Hoffet - la teneur du dossier sur cet individu mérite tout de même une attention appuyée et demande aussi vérifications, nonobstant l'affirmation à l'emporte-pièce de quelques-uns qui déclaraient il y a quelques années que Monti n'avait jamais existé et que ce nom fut inventé par Plantard [294].

Pourtant le regretté Serge Hutin, qui avait consacré dans les années soixante-dix une honnête et lisse biographie sur le sulfureux Aleister Crowley (1875-1947), avait relevé que Georges Monti était membre de l'Ordo Templi Orientis (O. T. O.), en s'appuyant sur le témoignage oculaire d'Anne Osmont et qu'elle consigna ensuite dans son ouvrage bien connu, *60 années d'occultisme vécu*. Il n'est pas sans intérêt de narrer de nouveau la façon dont Monti, en 1922, tenta en vain d'attirer dans l'O.T.O. l'occultiste native de Toulouse, Anne Osmont (1872-1952), futur membre, en 1928, de l' « Ordre Eudiaque » d'Henri Durville (1883-1963) [295]. Il faut néanmoins préciser que Serge Hutin écrivait, commentant ses sources, qu'il laissait la responsabilité à Anne Osmont de son jugement. De mon côté, je négligerai par un haussement

---

[293] *Pégase* n°11, avril/juin 2005, pp. 24-28.
[294] J'ai souvenance d'un universitaire de l'ésotérisme, auteur connu pour ses indigestes écrits (que je ne citerai pas par compassion), qui avec condescendance déclarait à plusieurs personnes cette ineptie.
[295] Conférencière attitrée dudit ordre, elle collabora dûment et fidèlement à la revue *Eudia*. Elle écrivit des articles de très bonne tenue, entre autres une série de causeries sur l'histoire de la magie, dont une sur : « Les Rose-Croix. L'initiation scientifique », *Eudia* de Janvier 1940, volume XXV, pp. 12-25, Biliothèque Eudiaque, 36, Avenue Mozart, Paris XVI.

d'épaules et un air désabusé les médiocres analyses que Gérard de Sède greffa à partir de cette citation [296] :

« Je lui fixai bien volontiers une date et, dès les salutations échangées, il me dit qu'il venait me demander mon aide pour renouveler l'Ordre des Templiers. Il était mandaté par de très hautes Loges Allemandes et avait de grands appuis en Angleterre... Maintenant, je comprenais qu'il s'agissait d'un vaste plan de démolition et de construction qui n'allait à rien moins qu'à détruire tout ce qui m'est cher et précieux pour édifier une société chimérique après une Apocalypse de catastrophes. Pour me démontrer la valeur de l'Ordre élevé dont je devais faire partie et qu'il appelait O. T. O., il me citait les hauts dignitaires qui l'avaient dirigé dans le passé et le dirigeait maintenant. Le grand Maître en exercice était Aleister Crowley, dont il me vantait la science [297] ».

Théodor Reuss (1855-1922) prit la direction de cet Ordre après le décès de son fondateur, le chimiste et industriel autrichien Karl Kellner (1850-1905) [298], en y associant notamment les Rites de Memphis et Misraïm. Il fut d'ailleurs secondé dans cette tâche par Rudolf Steiner qui, cela dit en passant, dut s'exiler précipitamment à Londres

---

[296] Tout en reconnaissant certaines informations intéressantes livrées par de Gérard de Sède, on peut regretter ses insuffisances en matière d'historicité sur l'occultisme et qui dépeignent forcément la réalité des faits. Voir par exemple le tableau qu'il brosse sur Jules Doinel, Jules Bois, ou encore sur les cénacles hermétiques, tels la Golden Dawn, l'OTO... Voir également l'ouvrage du couple de Sède, *L'occultisme dans la politique*, aux Editions Laffont, Paris 1994, dans lequel ils font passer Jules Bois pour un nazi. Voir aussi *Jules Bois, op. cit.*, Editions Arqa, mai 2004.
[297] Anne Osmont in *60 années d'occultisme vécu. Mes voyages en astral*, pp. 120-121, Omnium Littéraire, Paris, 1955.
[298] Avec entre autres l'appui, pour ne citer que le plus connu, de Franz Hartmann (1838-1912), théosophe et fondateur de l'Ordre de la Rose-Croix Esotérique.

pour avoir publié un ouvrage de magie sexuelle, *Lingam-Yoni*. Il aurait en 1922 délégué la totalité de ses pouvoirs à Aleister Crowley. Toutefois, il est à noter tout de même que Reuss écrivait à Spencer Lewis qu'il avait rompu avec Crowley et que, dans une autre de ses lettres, il confirmait que son O. T. O. n'avait rien avoir avec celui de Crowley [299]. On concèdera sans détours que ce dernier privilégia et imposa, en tant que Grand-Maître international de son ordre, ses propres conceptions magiques [300] et mystiques, en recomposant les rituels qui existaient au sein de cette mouvance [301] et en les adaptant à sa « religion de Thélème ou Loi de Thelema » et qui s'assimile dans sa caractéristique ontologique ou son expression majeure par le « Fais ce que tu voudras ou L'Amour est la Loi, l'Amour soumis à la Volonté ».

Toujours est-il que beaucoup de membres de cette société particulière délaissèrent Crowley. D'ailleurs, dans le courant de l'année 1925, cette figure très contestée de l'O.T.O dut se rendre en Allemagne pour affirmer une nouvelle fois son autorité. Il ne pourra pourtant éviter de nouveaux schismes, qui dans leur contexte assez complexe, nous éloigneraient, s'il fallait les étudier, de la thématique du présent ouvrage [302].

Quant à Georges Monti, qui resta probablement fidèle au cursus classique d'un traditionnel occultisme allemand et

---

[299] Lettre du 12 septembre 1921 adressée à Spencer Lewis, Rebisse, *op. cit.,* p. 390, et lettre datée du mois d'octobre 1921 et référencée cette fois-ci in *O. T. O. Rituals and Sex Magick* par Théodor Reuss & Aleister Crowley, introduction by Peter-R Koenig, I-H-O Books A R Naylor, 1999, p. 27.
[300] Dans ses œuvres, Crowley utilisa souvent la graphie vieille-anglaise « Magick ».
[301] Pour le meilleur et le pire !
[302] On peut se référer avec profit à la bonne et exhaustive étude de Massimo Introvigne ; voir le chapitre V de son livre, *op. cit.,* pp. 194-305.

qui sans doute avait des préoccupations autres que Crowley, il apparaît peu probable qu'il ait suivi les conceptions magico-mystique du mage anglais, d'autant plus que ses divers substantifs (énumérés par de Sède) ne figurent pas dans la revue *The Equinox*.

On a dit aussi que Monti fut le secrétaire de Péladan. Gérard de Sède avait également relevé que Monti avait constitué avec Gaston Demengel, en 1924, le « Groupe Occidental d'Etudes Esotériques » [303], dont le siège se trouvait à Paris, 16, avenue de Villiers. Cette information intéressante, extraite d'un manifeste de Monti que Gérard de Sède a pu se procurer (on aurait aimé, dans l'ouvrage de Gérard de Sède, le voir en fac-similé) mérite qu'on s'y arrête. Ce feuillet ou cet unique imprimé que nous connaissons de Monti, disait Gérard de Sède, et titré *Instauration du Groupe occidental*, puis signé Marcus Vella, Rose-Croix, diffusait un enseignement marqué par l'influence de Péladan. Il s'agissait, contre le sectarisme brutal qui répand la division et de ce fait la mort, d'établir un « Sympose de Vérités sacrées » pour rendre la lumière aux incrédules de cette fin de race. Les femmes admises dans un Chapitre de *Dames-damées* et un autre de *Fées-faées*, devaient – conformément aux instructions de l'*Amphitéâtre des sciences mortes* de Péladan (1911) – cultiver la grande pitié qui doit être au fond des œuvres d'amour... [304].

Au passage, signalons que Joséphin Péladan n'ignorait certainement pas qu'il avait des admirateurs au sein de l'O. T. O. Il est vrai qu'il avait, avec sa verve tranchante qui le caractérisait si bien, louangé des années durant le

---

[303] Signalons tout de même que les revues ésotériques des années 1924, que se soit celle de Papus ou de Bricaud (les plus informées en la matière), ne mentionnèrent pas un quelconque Groupe Occidental d'Etudes Esotériques.
[304] Christophe Beaufils, *op. cit.*, p. 463.

génie de Wagner : « Oui, l'homme qui n'admire pas Wagner n'est pas un civilisé. Au salon d'automne 1910, on le voyait encore faire des conférences sur l'art allemand [305]. Ce qui, indiscutablement, contribua à lui faire un nom dans le monde d'Outre-Rhin et expliquerait au préalable que de nombreux intellectuels, artistes et occultistes germains s'intéressèrent de plus près à ses œuvres. D'ailleurs Péladan ne fit des années plus tard aucune objection lorsque son emblème symbolique et fétiche ou son « Sceau du Graal », qui avait vu le jour dans son tapageur salon de la Rose-Croix (1893), fut en 1906 intégré dans les constitutions de l'O. T. O. par Théodor Reuss [306] (Monti était-il à cette époque le secrétaire de Péladan ?) et utilisé quelques années plus tard dans la mouvance américaine de Spencer Lewis [307].

Revenons derechef sur ce manifeste et pour lequel Monti plaida pour une réconciliation des Eglises et des centres initiatiques, dénigra ironiquement le rosicrucianisme affairiste des Etats-Unis et fit l'éloge des adeptes du Rite Egyptien. Ainsi, Monti déclarait au nom de son groupe que « leur action sera toujours discrète, nos loges strictement fermées aux profanes, notre enseignement, surtout, refusé aux curieux et aux bavards, notre cérémonial voilé à tous… Une synthèse du progrès indéfini ne peut s'établir que dans l'esprit de Hiérarchie et, de ce fait, ne doit être divulguée qu'aux natures d'élite, esprits véritablement supérieurs destinés à civiliser les peuples et à enrayer les courants de décadence [308] ».

---

[305] *La Revue Hebdomadaire*, tome 10, octobre 1910, p. 532.
[306] Reuss ajouta à partir de 1906 (et non vers 1920 selon Rebisse, *op. cit.*, p. 252) un minuscule « Delta maçonnique » qu'il agrandira ensuite en 1908. Voir les différentes illustrations in *O. T. O. Rituals and Sex Magick* par Théodor Reuss & Aleister Crowley, introduction by Peter-R Koenig, I-H-O Books A R Naylor, 1999, p. 61.
[307] Sans le Delta maçonnique.
[308] Gérard de Sède, *op. cit.*, p. 230.

On peut se demander si ce groupe ne faisait pas suite à l' « Alliance Internationale des Dames de la Rose-Croix », une organisation auxiliaire de l'O. T. O. qui s'était fait connaître durant la guerre de 1914-1918, surtout lors d'un congrès pacifiste, établi près d'Ascona en Suisse (Monte Verita) et organisé probablement par Rudolf von Laban, co-fondateur le 24 octobre 1917 à Zurich d'une Loge O. T. O. « Libertas et Fraternitas » [309]. Toujours est-il que cette « Alliance » était destinée à œuvrer à la réconciliation universelle entre les peuples, sans distinction de races et de religions, et qu'elle prônait une économie altruiste, basée sur le partage, et estimait que l'art était le meilleur moyen offert aux peuples pour guérir les plaies infligées par la guerre. Comme le disait à juste raison Christian Rebisse : « on retrouve là une idée chère à Joséphin Péladan [310] ».

Nous n'en savons pas plus sur cet éphémère groupe de Monti, au nom très papusien [311], et qui d'ailleurs s'était cantonné dans la plus grande discrétion. D'ailleurs Gérard de Sède disait, sans pouvoir manifestement en dire plus, que cette singulière corporation servait de couverture pour cacher les activités de Monti. Inutile de dire que Georges Monti attend toujours son courageux et patient biographe. Un défi difficile à relever et qui serait sans équivoque œuvre utile.

Toutefois, on pourrait surenchérir sur un fait inédit, jusqu'ici anodin, et qui pourtant a sa place ici :

« Dans le quartier général de l'Anthroposophie, Monti présenta un certificat de Loge et fut présenté dans le Saint

---

[309] *O. T. O. Rituals and Sex Magick*, opus citem.
[310] Rebisse, *op. cit.*, p. 239.
[311] Papus avait fondé en 1889 un Groupe Indépendant d'Etudes Esotériques.

des Saints et conduit courtoisement par un membre de I. O., un frère de Zurich... Un matin, nous avons découvert les chartes et les passeports et les signes répandus sur la table devant un bar... Monti par la suite est parti sans dire au revoir, et complètement humilié... [312] ». Il est utile de rajouter que ces documents trouvés en 1966 furent avidement recopiés et par la suite utilisés par un personnage assez controversé dans le milieu O. T. O., un certain Gabriel Montenegro y Vargas (1907-1969), et qui pensait, par le biais de cette trouvaille inespérée, fonder et valider sa propre loge O. T. O. [313].

Narbonne la Babylone

Pour clore cet ouvrage non exhaustif, référons-nous aux recherches de Madeleine Ribot-Vinas, cette gentille et discrète catalane de naissance qui se consacra avec une passion sans mesure et durant de nombreuses années à mettre en valeur le patrimoine régional culturel, historique et environnemental de la Terre Occitane. Il est bien connu que, depuis toujours, le Languedoc a été le carrefour de nombreuses cultures qui s'y sont brassées, mélangées, assimilées. Cette région a connu les Romains, les Arabes, les Juifs, et la réputation d'accueil du pays audois ne fut jamais démentie ; même à l'époque de cet exécrable système féodal où la hiérarchie des armes exerçait son inqualifiable oppression, le Languedoc, ouvert, cordial et égalitaire, vivait dans un certain raffinement avec ses cours d'amour et connaissait un véritable progrès social.

Qu'il est plaisant dès lors de lire, pour ceux ou celles qui ont un profond attachement à cette France méridionale, ce qui suit :

---

[312] *Templars, Illuminati + the Fraternitas Saturni*, by Peter-R. Koenig, p. 7, koenig/sunrise/thelema.htm. Citation néanmoins parsemée de trop de pointillés (volontairement ?).
[313] *O. T. O. Rituals and Sex Magick*, opus citem, pp. 39-40.

« Au tout début de notre ère, des descendants de la lignée de David et de Juda ont trouvé refuge dans le Languedoc et Gershom Sholem, le plus éminent savant kabbaliste des temps modernes, écrit même que la Kabbale y serait née. Narbonne était un grand port international et un centre d'études qui rivalisait d'érudition avec Babylone [314]…

Narbonne était la ville d'où sortit la Torah pour se répandre dans tout le pays et aurait abrité, comme Lunel, 300 chefs de famille juifs ; il y résidait en particulier le très éminent prince Rabbi Kalonynos et le sage kabbaliste Rabbi Abraham bar Isaac. Et selon un jeu de mots des rabbins, Narbonne pouvait se transcrire en hébreu : « **Ner binah** » qui signifie « **Lumière de l'intelligence** », la comparant à Babylone. Ainsi cette ville si célèbre dans l'Antiquité que, 45 ans av. J.C. et deux ans avant la mort de Jules César, s'y implanta une colonie romaine, pour laquelle furent bâtis la réplique exacte des monuments qui se voyaient à Rome, brillant témoignage du raffinement de la culture gréco-latine, Narbonne, capitale de la Gaule Narbonnaise, rivalisait au Moyen Age avec Babylone, célèbre pour sa culture et sa bibliothèque dans tout le monde oriental de l'époque [315] ».

---

[314] *Lunel Posquières, berceaux de la Kabbale* de Madeleine Ribot-Vinas, Libros Certeza, 2004.
[315] *Il était une fois… La Kabbale, les académies juives médiévales de Lunel et Posquières en Petite Camargue*, p. 44, Mémoire d'Oc Editions, 2001. Pour les ouvrages de l'auteur : Madeleine Ribot-Vinas, 83 rue André Rébuffatn, 34400-Lunel.

BIBLIOGRAPHIE

Sources principales ou secondaires

Abellio Raymond
- *De la Politique à la Gnose*, Belfond, Paris, 1987.

Abd-Ru-Shin
- *Dans la Lumière de la Vérité*, Les Editions du Graal, 1978.

Amadou Robert
- *L'Occultisme, Esquisse d'un monde vivant*, Nouvelle édition présentée par Albert-Marie Schmidt, Editions Chanteloup, Saint-Jean-de-la-Ruelle, 1987.
- *La Queste du Saint Graal*, Cariscript, Paris, 1987
- *La Tradition Maçonnique*, Cariscript, Paris, 1986.
- *Louis-Claude de Saint-Martin, le Philosophe inconnu. Lettres aux Du Bourg (1776-1785)*. Préface d'Eugène Susini, Paris, 1977.

André Marie-Sophie & Beaufils Christophe
- *Papus biographie*, Bergs Internationnal, Paris, 1995.

Audouy Jean-Philippe
- *Le Tisserand des Catharismes*, Mémoires du pays cathare, 1997.

Baigent Michael – Leigh Richard – Lincoln Henry
- *L'Enigme Sacrée*, Editions Pygmalion, janvier 1983.

Bayard Jean-Pierre
- *Le Guide des Sociétés Secrètes*, Philippe Lebaud Editeur, 1989.

Beaufils Christophe
- *Joséphin Péladan 1858-1918, essai sur une maladie du lyrisme*, Jérôme Million, Grenoble, 1993.

Beauvy François
- *Philéas Lebesgue et ses correspondants en France et dans le monde*, Awen, octobre 2004.
Bedu Jean-Jacques
- *Maurice Magre, Le lotus perdu*, Dire éditions, Cahors, 1999.
Berlier Patrick
- *La Société Angélique*, Arqa Editions, décembre 2004.
Bernadac Christian
- *Le Mystère Otto Rahn, du catharisme au nazisme*, éditions France-empire, Paris, 1978.
Bertone Clotide
- *L'Elue du Dragon*, Nouvelles Editions Latines, 1932.
Bois Jules
- *Les Petites Religions de Paris*, Léon Chailley, Editeur, Paris, 1894
- *L'Humanité Divine*, Eugène Fasquelle éditeur, Paris, 1910.
Brenon Anne
- *Le Vrai Visage du Catharisme*, nouvelle édition revue et augmentée, Editions Loubatières, novembre 1991
Le Dico des Cathares, Editions Milan, mai 2000.
Buisset Christiane
- *Eliphas Levi, sa vie, son œuvre, ses pensées*, Guy Trédaniel, Editions de la Maisnie, Paris, 1985.
Captier Antoine & Corbu Claire
- *L'Héritage de l'Abbé Saunière*, Bélisane, mai 1995.
Caillet Serge
- *La Franc-Maçonnerie Egyptienne de Memphis Misraïm*, Cariscript, Paris, 1988.
- *Sar Hiéronymus et la Fudosi*, préface de Robert Amadou, Cariscript, Paris, 1986.
Chanel Christian, Deveney John P., Godwin Jocelyn
- *La Fraternité Hermétique de Louxor (H. B. of L.), rituels et instructions d'occultisme pratique*, Editions Dervy, 2000.

Charbonnier Alexandra
- *Milosz, l'étoile au front*, Dervy, Paris, 1993.
Chaumeil Jean-Luc
- *Le Trésor du Triangle d'Or*, Editions Alain Lefeuvre, 3 juillet 1979.
Chaumeil & Rivière Jacques
- *L'Alphabet Solaire*, Editions du Borrego, Paris, 1985.
Corbin Henry
- *Face de Die,u Face de l'Homme*, Flammarion, 1983.
Daffos Franck
- *Rennes-le-Château, le Secret Dérobé*, les Editions de l'œil du sphinx, préface de Pierre Jarnac, mai 2005.
Danis Jean-Claude
- *Toulouse Capitale Mystique*, l'Adret, Saint-Gaudens, 1985.
Dantinne Emile
- *L'œuvre et la pensée de Péladan. La philosophie rosicrucienne*, Office de Publicité S. C., Bruxelles, 1948.
Dorbon-Aîné
- *Bibliotheca Esoterica*, Dorbon-Aîné, Paris, 1940.
Dubois Dominique
- *Jules Bois (1868-1943), le reporter de l'occultisme, le poète et le féministe de la belle époque*, Arqa édition, mai 2004.
Dubois Geneviève
- *Fulcanelli dévoilé*, Dervy, Paris, 1992.
- *Ces hommes qui ont fait l'alchimie du XXe siècle*, Geneviève Dubois éditions, Grenoble, 1999.
Duchaussoy Jacques
- *Mystère et Mission des Roses-Croix*, Monaco, Editions du Rocher, 1981.
Dupré José
- *Un Cathare au XXème siècle, Déodat Roché (1877-1978). Sa vie, son œuvre, sa pensée*, Edition : La Clavellerie, 2001.

Duvernoy Jean
- *Le Catharisme*, Toulouse, Privat. Tome 1, *La Religion*, 1976. Tome 2, *L'histoire*, 1979.
- *Guillaume de Puylaurens, chronique 1203-1275*, traduite et commentée. Toulouse, Ousset, 1958.

Eliphas Lévi
- *Histoire de la Magie*, Félix Alcan, Paris, 1922.

Etchegoin Marie-France & Lenoir Frédéric
- *Code Da Vinci : L'Enquête*, Robert Laffont, Paris, novembre 2004.

Evola Julius
- *Le Mystère du Graal*, Editions Traditionnelles, Paris, 1982.

Faivre Antoine
- *L'Esotérisme au XVIIIe siècle en France et en Allemagne*, La Table d'Emeuraude, Seghers, 1973.

Ferrer-Benimeli, José A.
- *Les Archives Secrètes du Vatican et de la Franc-Maçonnerie, Histoire d'une condamnation pontificale*, préface de Michel Riquet, s.j., Dervy-Livres, Paris, 1989.

Ferté Patrick
- *Arsène Lupin Supérieur Inconnu, la clé de l'œuvre codée de Maurice Leblanc*, Guy Trédaniel Editeur, Paris, 1992.

Galtier Gérard
- *Maçonnerie Egyptienne Rose-Croix et Néo-Chevalerie. Les Fils de Cagliostro*, Editions du Rocher, 1989.

Geyraud Pierre
- *Les Sociétés Secrètes de Paris*, Editions Emile-Paul Frères, Paris, 1939.

Gheusi Pierre-Barthélemy
- *Cinquante de Paris, Mémoires d'un témoin (1889-1938)* Plon, Paris, 1939.
- *Cinquante de Paris, Leurs Femmes (1889-1938)*, Plon, Paris, 1940.

Girard Georges
- *Emma Calvé. La cantatrice sous tous les ciels*, Ed. Grandes Causses, Millau, 1982.

Giudicelli de Cressac-Bachelerie Jean-Pierre
- *Pour La Rose Rouge et La Croix d'Or*, Axis Mundi, Paris, 1988.

Halbron Jacques
- *La vie astrologique Années trente – cinquant. De Maurice Privat à Dom Néroman*, Guy Trédaniel Editeur, Editions La Grande Conjonction, Paris, 1993.

Introvigne Massimo
- *La Magie. Les Nouveaux Mouvements Magiques*, Références Droguet & Ardent, Paris, 1993.
- *Les Veilleurs de l'Apocalypse*, Claire Vigne éditrice, mars 1996.

James Marie-France
- *Esotérisme, Occultisme, Franc-Maçonnerie et Christianisme aux 19 et 20ème siècles*, Nouvelles Editions Latines, Paris, 1981.

Jarnac Pierre
- *Bibliographie de Rennes-le-Château*, Collection Les Cahiers de Rennes-le-Château, numéro 12, Belisane, août 2002.

Jean Simon
- *Les Templiers des Pays d'Oc et du Roussillon*, Editions Loubatières, 2003.

Lapasse Vicomte Edouard de
- *Essai sur la conservation de la vie*, Paris, Victor Massson, 1860.

Laurant Jean-Pierre
- *l'Esotérisme chrétien en France au XIXème siècle*, Editions l'Age d'Homme, Lausanne, 1992.

Magre Maurice
- *Magiciens et Illuminés*, Fasquelle, Paris, 1930.

McIntosh Christopher
- *La Rose-Croix dévoilée*, Dervy-Livres, Paris, 1981.

Meslin de Campigny Henri
- *Les Traditions et les Doctrines Esotériques*, deuxième édition, Editions Astra, Paris, 1946.

Michelet Victor-Emile
- *Les Compagnons de la Hiérophanie, Souvenirs du mouvement hermétiste à la fin du XIXè siècle*, Dorbon-Aîné, Paris, 1938.
Monereau Michel
- *Les Secrets Hermétiques de la Franc-Maçonnerie et les Rites de Misraim & Memphis*, Editions Axis Mundi, Paris, 1989.
Montfaucon de Villars Nicolas
- *Le comte de Gabalis ou entretiens sur les sciences secrètes*, introduction et notes de Pierre Mariel, Editions du Vieux Colombier, Paris, 1961.
Naudon Paul
- *La Franc-Maçonnerie*, Presses Universitaires de France, collection « Que sais-je ? » numéro 1064, 12ème édition, 1990.
Nelli René
- *Les Cathares ou l'Eternel Combat*, Culture, Art, Loisirs, Paris, 1972.
- *Histoire Secrète du Languedoc*, Paris, Albin Michel, 1978.
Nelli Suzanne
- *Montségur, Mythe et Histoire*, Editions du Rocher, avril 1996.
Niel Fernand
- *Les Cathares de Montségur*, collection les grands initiés, Editions Robert Laffont, 1976.
Noaillat Simone de
- *Marthe de Noaillat 1865-1926*, Bonne presse, Paris, Hiéron, Paray-le-Monial, janv. 1931.
Osmont Anne
- *60 années d'occultisme vécu. Mes voyages en astral*, Omnium Littéraire, Paris, 1955.
Péladan Joséphin
- *Comment on devient Mage*, Chamuel, Paris, 1892.
- *Le secret des Troubadours. De Parsifal à Don Quichotte*, Les Cahiers Ker-ys n°4, 1989.

Raoult Michel
- *Les Druides. Les sociétés initiatiques contemporaines*, Brocéliande/Editions du Rocher, 1997 (pour la présente édition).
Reuss Theodore & Crowley Aleister
- *O. T. O. Rituals and Sex Magick, Théodor Reuss & Crowley Aleister*, introduction par Peter-R. Koening, I-H-O Books, 1999, A. R. Naylor, England.
Ribot-Vinas Madeleine
- *Il était une fois... La Kabbale, Les aacdémies juives médiévales de Lunel et Posquières en Petite Camargue*, Mémoire d'Oc Editions, 2001.
- *Lunel, Posquières, berceaux de la Kabbale*, Libros Certeza, 2004.
Robin Jean-Luc
- *Rennes-le-Château, Le Secret de Saunière*, Editions Sud Ouest, 2005.
Rebisse Christian
- *Rose-Croix, histoire et mystères*, Diffusion Traditionnelle, Le Tremblay, mars 2003.
Roché Déodat
- *Survivance et Immortalité de l'homme*, Editions des Cahiers d'Etudes Cathares, Carcassonne, 1955.
Rosnay Félix de
- *Le Hiéron du Val D'Or*, Arma Artis, 2002.
Taillefer Michel
- *Le Temple Cohen de Toulouse (1760-1792)*, Cariscript, Paris, 1986.
Thibaux Jean-Michel
- *Les Tentations de l'Abbé Saunière*, Olivier Orban, 1986.
Tirand Paul
- *Loges et Francs-Maçons Audois (1757-1946)*, Cercle philosophique et culturel de Carcassonne, C. 2002 – Paul Tirand.
- *1870-1945 Castelnaudary d'Auguste Fourès à Jean Mistler*, Ruffiac, 1991.

- *Castelnaudary et le Lauragais audois (1814-1852)*, Eché, Toulouse, 1988.
Yates Frances A.
- *La lumière des Rose-Croix*, Editions Retz, Paris, 1985.
- *La philosophie occulte à l'époque élisabéthaine*, Dervy-Livres, Paris, 1987.

Revues, magazines et journaux consultés

Arcadia, *Montségur, Al cap de sèt cents ans verdeja lo laurel*, Revue luxueuse, tirage en 222 exemplaires, juillet 2002.
Association Terre de Rhedae, *Rennes-le-Château et Prosper Estieu* de Jean Fourié, pp. 7-9, Bulletin n°7, juillet 1993.
Atlantis, *Paray-le-Monial, Haut-lieu de la Tradition* ; *une société Templière inconnue au XX siècle*, n°252, juin 1959 ; lettre de Pierre Dujols à Paul Le Cour du 23 février 1925.
Bulletin des Polaires, numéro 1, 9 mai 1930, Paris.
La Chaîne d'Union, revue mensuelle de documentation et d'informations maç.'., N° 8, mai, 18ème année, 1956-1957, *Essai sur la vie, le comportement et l'œuvre d'Armand Bédarride* de Claude Mattey, pp. 449-468, *La Maçonnerie de Memphis* de Henri Dubois, pp. 478-481.
Eudia, *Histoire de la Magie. VI.- Les roses-croix. L'initiation scientifique* d'Anne Osmont, Volume XXV- Janvier 1940, Bibliothèque Eudiaque, Paris XVI.
La Petite Revue, hebdomadaire illustré, *Le salon de la Rose-Croix*, article en deux colonnes de Ch. Normand, p. 220, premier semestre 1892.
La Plume, Revue de Littérature, de Critique et d'Arts indépendants, n° 162, 15-31 janvier 1896, textes de Jules Bois et Maurice Magre.

La Science Spirituelle, Association de la Science spirituelle, Revue et Editions, 90, rue d'Assas, Paris VI. Articles de Déodat Roché, quatrième année, 1925, *L'Initiation spirituelle des chrétiens albigeois*; treizième année, 1934, *Les Contes populaires de la Gascogne et leur sens occulte*.
Le Voile d'Isis, année complète (1924).
L'Illustration, journal universel, 1er février 1907, pp. 226-227.
L'Illustration Théâtrale, notice d'Adolphe Brisson sur Jules Bois, n°113, 13 mars 1909.
La Tour Saint-Jacques, numéro spéciale sur « La Magie », H. Roudil éditeur, numéro 11-12, juillet-décembre 1957.
Le Graal, Cahier mensuel d'Art, d'Occulte et de Mystique. Du n° 1, janvier 1912, au n° 5 mai 1912.
Le Lotus Bleu, volume 95, mars 1990, article de Daniel Caracostea : *1890-1990 Le Lotus bleu a cent ans*, pp. 59-63.
Le Monde Inconnu, numéro 1, décembre 1979, *Un aventurier de la gnose occultiste* de Jean-Pierre Bonnerot, pp. 66-69.
Les Annales Politiques et Littéraires, année 1908-1909.
Murmures d'Irem, numéros 14-15-16, année 2003-2005.
Le Nouvel Eon, revue d'Illuminisme scientifique, Frédéric MacParty, D. Dubois & Sarah Châtelain, *La Loi de Thelema*, volume 1, numéro 1, 251 pages, janvier 1996.
Le Nouvel Observateur, numéro 2079, du 9 au 15 septembre 2004. Article de Marie-France Etchegoin intitulé *Enquête sur les sources de Da Vinci Code*, pp. 8-14 ; numéro 2091, du 2 au 8 décembre 2004, article de Frédéric Lenoir, *Le grand retour de l'ésotérisme*, pp. 15-26.
Le Parisien, du jeudi 3 mars 2005. *Le héros de Da Vinci Code mène l'enquête au Vatican*, p. 29, de Pierre Vavasseur.

Les Annales Initiatiques, troisième année, n° 11, Juillet-Août-Septembre 1922, *Le Dr Fugairon* de Jean Bricaud, pp. 125-131. Cinquième année (complète 1924).
Les Cahiers de Fanjeaux, Collection d'histoire religieuse du Languedoc, Cahier numéro 14, *Historiographie du catharisme*, Privat, Editeur, Fanjeaux, Toulouse, 1979.
Les Cahiers d'Etudes Cathares, numéro spécial, 2ème série n° 4 et 5, *Biographie du Dr Fugairon*, 1982 ; 3ème série numéro 148, hiver 1995, *La croisade Albigeoise n'est-elle pas finie ?* de Paul-Alexis Ladame et *Conclusion* de Patrick Texier.
L'Initiation, Cahiers de documentation ésotérique traditionnelle, numéro 3, juillet-Août-Septembre 2004, *Ceux qui nous précèdent... Gérard de Sède n'est plus* de Dominique Dubois, pp. 207-09 ; numéro 4, octobre-novembre-décembre 2004, *Catharisme et Néo-catharisme, Déodat Roché (1877-1978), le Quêteur de l'absolu* de Dominique Dubois, pp. 259-275.
L'Originel, Revue des sciences ésotériques et initiatiques, numéro 2, 3ème trimestre 1995.
Pégase Le chaînon manquant, Rennes-le-Château. Le Bulletin. Numéros 8, 9 et 10, Année 2003 et 2005.
Pyrénées Magazine, *Les témoins de la pierre*, Pyrénées Cathares été 2004. Article de Jean-Marie Constans intitulé *Déodat Roché, quêteur d'Absolu*, pp. 87-90 ; article d'Anne Brenon intitulé *Cathares de l'Est, les Bogomiles*, pp. 32-38.
Question De, *Fasta-Latamorum. Annales maçonniques des origines à nos jours* de Robert Amadou, numéro 43, juillet-août 1981.

INDEX NOMINUM

A
Abellio, Raymond, 75, 183
Accomani, Cesare, 56, 57
Agrippa, Henri-Cornelius, 70, 121, 157
Alacoque, Marguerite-Marie, 114
Alaric I, 80
Alaric II, 79
Albanès, comtesse de, 140
Albert, Marcellin, 19
Alcantara, cte Etienne d', 116
Alfassa, Mirra, dit La Mère, 52
Alleau, René, 16, 75
Amadou, Robert, 15, 183, 184, 192
Andreae, Johann, Valentin, 69
Angebert, Jean-Michel, 75
Anizan, Félix, (père), 120, 121, 122, 124
Arimathie, Joseph d', 54, 81
Arnaud, 41, 42, 129
Arnould, Arthur, 157
Aroux, Eugène, 65, 74, 136, 143, 144, 145
Ashmole, Elias, 132
Audouy, Jean-Philippe, 17, 29, 183
Augier, Marc, *alias* St Loup, 75
Aurobindo Ghose, dit Sri Aurobindo, 52

B
Bacon, Francis, 132
Baigent, Michaël, 90, 183
Bailly, Edmond, 155, 160
Balbiani, prince de, 140, 141
Ballanche, Pierre-Simon, 140
Ballard, Jean, 30
Balsamo, Joseph, 139, 140, 147
Banks-Stacey, May, 164
Baraduc, Hyppolite, 161

Barbot, Théophile, (abbé), 121
Barlet, Charles, *alias* Albert Faucheux, 18, 39, 46, 158
Barrucand, Pierre, *alias* Pierre Victor, 89
Barthou, Louis, 166
Bastard, Dr, 126
Bauden, M. G., 59
Baudrillart, Mgr, , 166
Bayard, Jean-Pierre, 73, 183
Beaufils, Christophe, 100, 143, 178, 183
Beauséjour, Mgr, 91, 103
Beauvy, François, 55, 90, 123, 124, 184
Bedu, Jean-Jacques, 50, 51, 52, 91, 184
Belcastel, Gabriel, baron de, 114
Béliard, Octave, 40
Benoît, Pierre, 75
Bergier, Jacques, 75
Bergson, Henri, 18, 161
Bergson, Moïna, 162
Berlier, Patrick, 121, 184
Bernadac, Christian, 42, 50, 59, 62, 63, 64, 73, 81, 184
Bernard, Emile, 157
Bertin, Pierre, 58
Bertheroy, Jean, 172
Bersone, Clotide, (pseudonyme de ?) 122
Besant, Annie, 31
Besson, (abbé), 100, 101
Bigou, Antoine, 93
Billard, Mgr, 92, 99, 100, 101, 107, 109
Bion, Noël, 114
Blanchard, Victor, 57, 58, 59, 60
Blanchefort, Bertrand de, 80
Blavatsky, Héléna Petrovna, 18, 39, 51, 52, 89
Blech, Aimée, 51
Blech, Charles, 18, 51
Bois, Jules, 5, 6, 15, 22, 50, 109, 116, 147, 150, 151, 152, 153, 154, 155, 156, 157, 158, 160, 161, 162, 163, 164, 166, 167, 169, 172, 173, 185, 190, 191
Bolo pacha *alias* Paul Marie Bolo, 162
Boissin, Firmin, *alias* Simon Brugal, 129, 136, 140, 141, 142, 144, 145

Bonald, Maurice de, (cardinal), 116
Bonnerot, Jean-Pierre, 191
Bot, Elie, 92
Bouchet, Paul, 128
Boulin, Paul, (abbé), 122
Boullan, Joseph-François, (abbé), 155, 156
Bourges, Elémir, 43, 155
Bousquet, Joë, 30
Bozas, marquise de, 170
Branly, Edouard, 166
Brenon, Anne, 9, 10, 11, 12, 13, 31, 32, 36, 37, 54, 62, 76, 184, 192
Breuil, (abbé), 101
Briand, Aristide, 162
Bricaud, Jean, 26, 27, 28, 39, 47, 171, 178, 192
Brimont, baronne Renée de, 127
Brown, Dan, 86, 88, 90
Buchère, Henri de, comte de l'Epinois, 11
Buthion, Henri, 94
Buisset, Christiane, 115, 184
Bulwer-Lytton, 135

C

Cabrières de, Mgr, 91
Cagliostro *alias* Joseph Balsamo, 52, 139, 140, 147
Cahagnet, Louis-Alphonse, 157
Caillet, Serge, 27, 60, 136, 139, 141, 143, 147, 149, 167, 184,
Caillié, René, 152
Caïthness (Lady), duchesse de Pomar, 21, 171
Calvé, Emma, 5, 116, 155, 157, 161, 162, 163, 164, 165, 166, 169, 170, 172, 186
Calvet, Grégoire, 36
Cambriel, Louis-Paul-François, 139
Canavy, François, 34
Canseliet, Eugène, 90
Captier, Antoine, 91, 93, 94, 102, 103, 184
Caracostea, Daniel, 40, 191
Carbonnell, Charles-Olivier, 14
Carteret, Jean, 75
Catharose de Petri, 68, 72
Cathary, Jean-Claude, 109, 110

Caussou, Arthur, 35
Cayron, Emile, (abbé), 96
Cazotte, Jacques, 140
Cazotte, Jacques-Scévole, 140
Cébe, Olivier, 76
Chaboseau, Jean, 59, 60
Champagne, Jean-Julien, 90, 91
Chamuel *alias* Lucien Mauchel, 21, 25, 135, 188
Chanel, Christian, 18, 53, 184
Charbonneau-Lassay, Louis, 41, 120, 121, 122, 123, 127
Charbonnier, Alexandra,16, 41, 118, 119, 121, 124, 125, 127, 185
Chassagnon, Hyacinthe, (Evêque D'Autun), 118
Chaumeil, Jean-Luc, 85, 89, 111, 185
Chauvel de Chauvigny, Marie, 58
Chauvet, Auguste-Edouard, 40, 127
Chauvet, James, 40, 41, 42, 127
Chefdebien d'Aigrefeuille, vicomte de, 104
Chefdebien d'Armissan, François marquis de, 104, 133
Chevillon, Constant, 104
Cherisey, Philippe de, 83, 85
Childéric 1er, 101
Claude La Colombière, (bienheureux P.), 114
Clavières, 133
Clément V, (pape) 82
Closs, Hannah, 74
Clovis, 79, 101
Cochet, (abbé), 101
Cocteau, Jean, 75
Coincy Saint-Palais, Madame, 83
Connaught, Albert duc de, 126
Constans, Jean-Marie, 17, 192
Constant, Roger, 73
Coquet, Gabrielle, 59
Corbin, Henri, 32, 33, 34, 185
Corbu, Claire, 91, 93, 94, 102, 103, 184
Coton-Alvart, Henri, 125
Couturière, Berthe, 153
Coxe, Frédérik, 135
Cressac de Bachelerie, J.-P. Giudicelli de, 57, 187

Cretin, Joseph, (abbé), 116
Crowley, Aleister, 89, 175, 176, 177, 178, 179, 189
Cyliani, 139

D

Daffos, Franck, 97, 185
Danis, Jean-Claude, 129, 185
Davy, Marie-Madeleine, 33
Debussy, Claude, 155, 166
Dee, John, 70
Delfour, Marie, 19
Demengel, Gaston, 178
Dénarnaud, Marie, 103
Deunov, Peter, 29, 31, 32
Descadeillas, René, 82
Deschamps, Armand, 34
Deschamps, Léon, 50
D'eu, Isabelle, comtesse, 116
Deveney, John P., 184
Divoire, Fernand, 59
Doinel, Jules, 9, 20, 21, 22, 23, 25, 105, 109, 146, 152, 157
Dondaine, Antoine, 12
Douais, Mgr Célestin, 11
Doucenoir, Mme, 51
Douzet, André, 171
Drevon, Victor, S.J., 113, 114 ; 120
Dubois, Dominique, 5, 6, 7, 185, 191, 192
Dubois, Geneviève, 185
Dubois, Henri, 104, 190
Dubois, Louis, (Cardinal), 121
Dubus, Edouard, 153
Du Bourg, Christophe, 133
Du Bourg, Elisabeth, (née d'Alliès), 132
Du Bourg, Joseph, 131
Du Bourg, Mathias, 131
Du Bourg, Philippe, 132
Duchantau, 133
Duchaussoy, Jacques, 163, 164, 185
Du Roy d'Hauterive, 131
Dujardin-Beaumetz, 19
Dujols, Pierre, 117, 125, 190

Dumège, Alexandre, 138
Dupré, José, 17, 18, 24, 26, 34, 185
Durville, Henri, 175
Duvernoy, Jean, 12, 32, 186
E
Eliphas Lévi, 16, 186
Encausse, Gérard, *alias* Papus 21, 23, 25, 39, 40, 46, 150, 154, 155, 156, 157, 159, 183
Ernst, Bernardt Oskar, *alias* Abd-Ru-Shin, 183
Esparbès, Gérard, 34
Estieu, Prosper, 29, 34, 35, 36, 37, 3_, 190
Etchegoin, Marie-France, 86, 88, 186, 191
Euric, roi wisigoth de Toulouse, 79
F
Fabre des Essarts, Léonce, 21, 23, 24, 25, 26, 47
Fabre, Pierre, 134
Faivre, Antoine, 148, 186
Fauré, Gabriel, 47
Fauriel, Claude, 35
Favre, Henri, 115
Favre-Bessonnet, Madame, 116
Fay, Bernard, 42
Fédié, Louis, 101, 102
Ferrer-Benimeli, José A., 106, 186
Ferté, Patrick, 85, 89, 96, 99, 101, 104, 105, 107, 108, 109, 172, 186
Ficin, Marsile, 70
Fidelein, Michel, 73
Figuier, Louis, 110
File, Mario, 56
Fizellier de la Feuille, Louis-Jean, Mgr, 107, 108
Flavius, Josèphe, 80
Flavius, Titus, 80
Fleury, Paul-Urbain, comte de, 105
Fleury, Prosper de, 105
Fourès, Auguste, 35, 189
Fourié, Jean, 190
Fournié, Pierre, (abbé), 132
Franklin, Benjamin, 106

Fugairon, Louis-Sophrone, (Sophronius), 6, 10, 23, 24 , 25, 26, 27, 28, 47, 191
Fulcanelli 15, 90, 117, 185
G
Gadal, Antonin, 6, 63, 67, 68, 72
Gaillard, Roger, 50
Galitzine, Alexandre-Nicolas, (prince), 106
Garfield, James Abram, 122
Garnier, Thierry-Emmanuel, 170
Gary de Lacroze, 43, 154
Gaubert, Léo, 40
Gauthey, Mgr François-Léon, 114
Gélis, Antoine, (abbé), 96, 9è, 110
Genoude, Antoine-Eugène de, (abbé), 136, 137, 138
Geyraud, Pierre, *alias* Guyader, 39, 56, 58, 186
Gheusi, Pierre-Barthélemy, *alias* Norbert Lorédan, 29, 46, 47, 64, 162, 186
Gilbert, R.-A., 159
Girard, Georges, 186
Giscard, (sculpteur), 92
Giudicelli de Cressac-Bachelerie, Jean-Pierre, 57, 187
Godwin, Jocelyn, 184
Goudeau, Emile, 155
Gourmont, Rémy de, 153
Gouzien, Alain, *alia*s Jehan d'Autun, 118
Grassaud, abbé, 103
Griffe, Mgr Elie, 11
Guaita, Stanislas de, 6, 43, 45, 135, 154, 155, 156
Guénon, René, 15, 18, 59, 121, 124
Guignard, Fernande, 59, 61
Guilhabert de Castres, 21, 37
Guiraud, Jean, 12
H
Halbron, Jacques, 187
Hannedouche, Simone, 33
Hartmann, Franz, 176
Haselmayer, Adam, 70
Hautefeuille, madame de, 140
Hautpoul-Aussillon (famille), 102
Hautpoul, Charles, 133

Hautpoul, Elisabeth, 93
Hautpoul, Eugène, 133
Hautpoul, Théobald, 133
Haven, Marc, *alias* Emmanuel Lalande, 39
Heindel, Max, *alias* Carl Louis von Grassof, 68
Heugel, Jacques, 128
Himmler, Heinrich, 65
Hoffet, Emile, (père), 122, 173, 174, 175
Hutin, Serge, 130, 175
Huysmans, Joris-Karl, 6, 153, 154, 155, 156, 157
I
Introvigne, Massimo, 68, 148, 187
J
James, Marie-France, 27, 121, 141, 142, 187
Jarnac, Pierre, 81, 85, 109, 175, 185, 187
Jaurès, Jean, 161
Jean, Simon, 102, 187
Jollivet-Castellot, François, 158
Joly, François, 133
Jossot (ou Jessort), Jean-Baptiste, (abbé), 106
Jounet, Albert, *alias* Alber Jhouney, 152, 171
Jullien, Lucienne, 76
K
Kellner, Karl, 176
Kelly, Edward, 70
Kiess, Georges, 102
Kingsford, Anna Bonus, *alias* Anna Springel, 152
Klein, (abbé), 106
Koenig, Peter, 177, 179, 181
Kotska, Jean, (voir Doinel), 22, 105
Kremmerz, Giuliano, 57
L
Lac de Feugère, (père), 116
Ladame, Paul-Alexis, 62, 192
Laffon-Maydieu, Henri, (abbé), 146
Lagriffoul, Marie-Louise, 19
Lamartine, 127
Lamy, Georges, 125
Lanta, Pierre, 34

Lapasse, Edouard, vicomte de, 129, 136, 138, 139, 140, 141, 143, 144, 147, 187
Larmandie, Léonce, comte de, 43, 157, 166
La Rochefoucaud, Antoine, comte de, 156
Laurant, Jean-Pierre, 22, 187
Lavigne, Paul, 46
Leadbeater, C. W., 31
Lebesgue, Philéas, 55, 123, 128, 184
Leblanc, Maurice, 95, 96, 99, 101, 109, 161, 172, 186
Lechartier, Louis, 146
Le Cour, Paul, 55, 61, 90, 113, 117, 122, 123, 124, 190
Le Forestier, René, ?
Leigh, Richard, 90, 183
Lelarge de Lourdoueix, baron Jacques-Honoré, 137
Lenoir, Frédéric, 186, 191
Léon XIII, 114, 160
Lepage, Marius, 105
Lesètre, Mgr, 59
Lewis, Harvey Spencer, 56, 60, 129, 146, 147, 148, 149, 150, 163, 166, 167, 177, 179
Lincoln, Henry, 85, 90, 183
Lobineau, Henri, 85
Loyola, Ignace de, 118

M

MacParty, Frédéric, 191
Maglione, Mgr, 163
Magre, Maurice, 49, 50, 51, 52, 53, 54, 55, 60, 62, 63, 65, 184, 187, 190
Maitland, Edouard, 152
Mallinger, Jean, 142
Mandement, Joseph, 50
Marc, Samuel, 34
Marcault, Jean-Emile, 42
Mariel, Pierre, 188
Marquès-Rivière, Jean, 59
Marrou, Henri, 15
Martin, Lydie, 59
Mary-Lafon, 35
Mavéric, Jean, *alias* Petit Jean, 46
Mazade de Percin, Julien, 131

McIntosh, Christopher, 187
Ménard, Louis, 155, 157
Mendès, Catulle, 151
Méry, Gaston, 173
Michelet, Victor-Emile, 46, 115, 188
Mistler, Jean, 35, 189
Mistral, Frédéric, 35, 142
Mitterand, François, 62
Molay, Jacques de, 83
Monereau, Michel, 188
Monteils, Jean-Pierre, 169
Montenegro, Gabriel, 181
Monti, Georges, 6, 169, 173, 174, 175, 177, 178, 179, 180, 181
Montfort, Simon de 19

N

Nataf, André, 75
Naudon, Paul, 188
Nègre, Marconnis de, Jacques-Etienne, 104
Nègre, Marie de, 102, 104
Nelli, René, 9, 12, 33, 38, 67, 75, 76, 77, 188
Néroman, Dom, 187
Niel, Fernand, 12, 13, 33, 188
Noaillat, Georges de, 120
Noaillat, Marthe de, 120, 188
Noaillat, Simone de, 188
Nodier, Charles, 140
Normand, Ch., 190

O

Octonovo, Laurent, 90, 92
Odin, René, 59, 61
Oldenbourg, Zoé, 75
Osmont, Anne, 175, 188, 190
Ourches, comte d', 140

P

Palauqui, Louis, 34, 36
Papus *alias* Dr Gérard Encausse, 21, 23, 25, 39, 40, 46, 150, 154, 155, 156, 157, 159, 183
Paracelse, 70
Paravey, Charles-Hippolyte de, 143
Pasqually, Martines de, 129, 130, 131

Pauwels, Louis, 75
Péladan, Adrien, 136, 143, 144
Péladan, Joséphin, 29, 42, 43, 44, 45, 46, 64, 74, 135, 137, 142, 144, 154, 155, 156, 166, 173, 178, 179, 180, 183, 185, 188
Péladan, Louis-Adrien, (Chevalier), 137, 138
Perbosc, Antonin, 35
Peyrat, Napoléon, 35, 36
Philippe de Lyon (dit Maître), 160
Philippe le Bel, (roi de France) 82
Pic de la Mirandole, 70
Pie IX, 144
Pierrefeu, Fanita de, 32
Pioch, Jacques, 73
Pitrou, Robert, 64
Plantard, Pierre, *alias* Pierre Plantard de Saint-Clair, 79, 83, 85, 86, 88, 90, 111, 175
Poincaré, Raymond, 162
Pourtal, Jean-Patrick, 86
Poussin, Nicolas, 81, 95, 156
Privat, Maurice, 187
Puech, Henri-Charles, 12
Pujol-Murat, comtesse, 58, 59, 64

R

Rabelais, François, 121
Rahn, Otto, 15, 41, 49, 55, 59, 61, 62, 63, 64, 65, 184
Rambaud, Alfred, 154
Rambiel, Marc, 105
Ramière, Henri, (Père), 114
Raoult, Michel, 189
Rebisse, Christian, *alias* Clairembault, 148, 164, 180, 189
Reinach, Joseph, 166
Remande, Renée, 59
Reuss, Théodor, 176, 177, 79, 189
Revel, Gaston, 125
Ribaucourt, Edouard de, 119, 16
Ribot-Vinas, Madeleine, 8
Ricard, Louis-Xavier de, 35
Richard, Harald, (abbé), 22
Richet, Charles, 61
Rihouët-Coroze, Simonne, 31

Rijckenborgh, Jan van, alias Jan Leene, 68, 72
Riquet, Michel (s.j.), 186
Rivière, Jacques, 111, 185
Robin, Jean-Luc, 189
Roca, Paul, (abbé), 152, 17
Rochas, Albert de, 6
Roché, Déodat 6, 9, 7, 18, 19, 20, 23, 25, 26, 29, 30, 31, 32, 33, 34, 35, 37, 38, 62, 63, 65, 67, 68, 73, 76, 185, 189, 191, 192
Roché, Paul Omer 18, 20
Rolt-Wheeler, Francis, 54, 55
Roquebert, Michel, 12
Rosenberg, Alfred, 42
Rosenkreutz, Christian, 69, 134, 148, 149
Rosenroth, Christian Knorr von, ?
Rosnay, Félix de, 116, 119, 189
Rumini, Francesca, 144
Ryner Han, *alias* Henri Ner, 47
S
Saint-Amand, Mme de, 173
Saint-Martin, Louis-Claude de, 130, 131, 132, 183
Saint-Yves d'Alveydre, 39, 40, 109, 15
Sandri, Gino, 86
Sanna-Solaro, (père), 116
Santacreu, Alain, 160
Satie, Erik, 155
Saunier, Jean, 39
Saunière, Alfred, (abbé) 93, 97
Saunière, Bérenger, (abbé), 5, 6, 7, 37, 79, 81, 82, 83, 84, 91, 92, 93, 94, 95, 97, 99, 102, 103, 108, 110, 112, 122, 166, 169, 170, 171, 174, 184, 189
Sarachaga, Alexis baron de, 113, 114, 115, 116, 118, 119, 120, 123, 125
Savignac-Castelet, Clémence de, 24
Savoire, Camille, 126, 127, 174
Saurat, Denis, 74
Schrauben, Philippe, 101
Schmidt, Charles 11, 15
Schuré, Edouard, 29, 152, 155, 157, 159
Schwaller de Lubicz, Isha, *alias* Jeanne Germain, 125
Schwaller de Lubicz, René, 125

Sède, Gérard de, 74, 79, 82, 83, 84, 85, 86, 105, 111, 169, 170, 173, 176, 178, 180, 192
Sédir (Paul) *alias* Yvon Leloup, 23, 39
Seneilhac, Gérard de, 57, 59
Servant, Henri, 39
Sicard, Jean, (abbé), 106
Smith, Paul, 85
Soloviev, Vladimir, 31
Star, Ely, *alias* Eugène Jacob, 154, 155, 160
Star, Maria, 160
Steiner, Rudolf, 18, 29, 30, 31, 176
Susini, Eugène, 183

T

Taillefer, Michel, 130, 189
Teilhard de Chardin, Pierre, 18
Taxil, Léo, 122
Tereshenko, Nicolas, 159
Teulié, 35
Texier, Patrick, 192
Théon, Max, 52
Thibaux, Jean-Michel, 169, 189
Tiers, Robert, 81
Thierry, Augustin, 36
Tirand, Paul, 106, 189
Titus, Flavius, (l'Empereur) 80
Touchet, Mgr Stanislas, 22
Thouzellier, Christine, 12

V

Vaillant, Adolphe, 12
Valentin II *voir* Doinel
Vanloo, Robert, 149
Vassal, 34
Vaughan, Thomas, 132
Verdier, Jean, Cardinal, 163, 167
Verne, Jules, 95
Vial, Arcade d'Orient, 145, 146
Vialette d'Aignan, Etienne, 131
Vidal, Jean-Marie, 12, 36
Vigneul de Marville, 135
Villiers de l'Isle-Adam, Auguste comte de, 154

Vivekananda, (Swami), 116, 157, 158, 160, 164
Voetgli, Marc, 146
Voisins, (famille) de, 102
Voisins, Pierre de, 19
Voltaire, 135
W
Wagner, Richard, 64
Weil, Simone, 30
Wescott, William Winn, 159
Willermoz, Jean-Baptiste, 39, 119, 130, 133
Wittelsbach, duc Louis-Guillaume de Bavière, 173
Woodman, William Robert Dr, 159
Wirth, Oswald, 156
Wolska, Anna de, 154
Y
Yates, Frances, Amélia, 70, 190
You-Kantor, 59
Z
Zelle, Joseph, (abbé) 116

SOMMAIRE

Préface de Philippe Marlin 5

Chapitre I : Néo-Catharisme et Néo-Gnosticisme. Déodat Roché, Jules Doinel, Fugairon 9

Chapitre II : Manichéisme, Steiner, Deunov, Déodat Roché. Prosper Estieu, la langue d'Oc et Montségur. Le mystérieux M.C. L'Ordre d'un Saint Graal. Montségur et le Graal, le Sâr Péladan. P.-B Gheusi 29

Chapitre III : Maurice Magre et le Graal. Les Polaires. Le mystère Otto Rahn 49

Chapitre IV : Le Lectorium Rosicricianum ou la Rose-Croix d'Or de Harlem. Antonin Gadal. La fin d'une mode. Décès de Déodat Roché et de René Nelli 67

Chapitre V : Les Wisigoths dans le sud-ouest. Trésor pyrénéen. Rennes-le-Château et l'étrange découverte de l'abbé Saunière. Gérard de Sède et Pierre Plantard. La déferlante Da Vinci Code 79

Chapitre VI : Mgr de Bonnechose et Mgr Billard. Franc-Maçonnerie languedocienne. Episcopats de Rouen et de Carcassonne. L'abbé Boudet 99

Chapitre VII : Alexis de Sarachaga. Le Hiéron du Val d'Or de Paray-le-Monial. Le Rayonnement intellectuel. Paul Le Cour. Milosz. Celticisme et Franc-Maçonnerie à Bordeaux 113

Chapitre VIII : Le Temple Cohen de Toulouse, Rose-Croix ou Franc-Maçonnerie ? La Rose-Croix de Toulouse. Néo-Templerie. Le vicomte de Lapasse, Firmin Boissin et les autres 129

Chapitre IX : Harvey Spencer Lewis à Toulouse. L'homme de l'ombre, Jules Bois 147

Chapitre X : Emma Calvé et l'abbé Saunière, mythe ou réalité ? Bérenger Saunière Martiniste ? Et Jules Bois ? Georges Monti. Narbonne, la Babylone 169

Bibliographie 183

Index Nominum 193

Sommaire 207

Les Editions de l'Œil du Sphinx
36-42 rue de la Villette
75019 Paris

Tel : 09 75 32 33 55
Fax : 01 42 01 05 38
ods@oeildusphinx.com

www.oeildusphinx.com
boutique.oeildusphinx.com

Retrouvez-nous sur Facebook

www.ingramcontent.com/pod-product-compliance
Lightning Source LLC
Chambersburg PA
CBHW071416160426
43195CB00013B/1713